出雲神話の正体

封印された古代の真相

関裕二

河出書房新社

はじめに

「出雲《いずも》神話」と「出雲大社」は謎だらけだ。「出雲」は、何もかもが複雑で奇怪なのである。

たとえば、南を向く出雲大社本殿の主祭神・大国主神《おおくにぬしのかみ》（大己貴神《おおあなむちのかみ》）の御神座《おかみくら》が、社の中で西を向いていることはつとに名高く、出雲の大きな謎のひとつとなっている。

北面する参拝者は肩透かしを食らっているのだが、地元の人びとや事情通は、一度本殿に頭《こうべ》を垂れたあと、西側の遥拝所《ようはいしょ》から、もう一度大国主神を仰ぐのだ。

なぜ、大国主神は西を向いたまま鎮まっているのだろう。諸説あって、定かなことは分かっていない。

出雲の謎は、まだ序の口だ。

『日本書紀《にほんしょき》』の神話のストーリーは、大きく三つに分類できる。「国土と神々の誕生」「出雲の国譲り」と「天孫降臨《てんそんこうりん》（日向《ひむか》神話）」だ。これらの神話が終わって神武《じんむ》天皇（神日本磐余彦尊《かむやまといわれびこのみこと》）がヤマトを建国するのだから、神話は弥生《やよい》時代後期の歴史を説話化していた可能性が出てくる。ただ謎めくのは、なぜ出雲と日向だけで話は完結しているのか、なぜ日本各地の説話を記載しなかったのかなのだ。

考古学は、弥生時代後期（ヤマト建国の直前）の日本列島各地に、大きなまとまりと文化圏が成立していたことを明らかにしている。北部九州や山陰から北陸地方にいたる日本海沿岸地帯が富み栄え、瀬戸内海や東海地方にも、侮れない勢力が存在していた。出雲だけが突出していたわけではない。

また、神話の設定も妙だ。天上界（高天原《たかまがはら》）の高皇《たかみ》産霊尊《むすひのみこと》は、葦原中国《あしはらのなかつくに》（地上界）を支配したいと思い、出雲に工作員を送り込み、やっとの思いで国譲りを成功させるが、なぜか孫の天津《あまつ》彦《ひこ》彦火《ひこほ》瓊《の》瓊杵尊《ににぎのみこと》は、日向に舞い下りている。これがいわゆる天孫降臨神話だ。なぜ「欲しくて欲しくてたまらなかった出雲」をスルーしてしまったのだろう。

『出雲国風土《いずものくにのふど》記《き》』にも謎がある。ヤマト建国の直前、もっとも栄えていた地域は北部九州だったにもかかわらず、『日本書紀』神話はこの一帯を無視している。その逆に、なぜ天皇家の祖は降り立ったのだろう。一帯が鉄の過疎地帯だったことを、考古学は明らかにしている。なぜ、神話の舞台を、出雲と日向に限定したのだろう。

『出雲国風土記』は『日本書紀』とほぼ同時代に記録された官撰地誌《かんせんちし》で、出雲の神々も登場するが、『日本書紀』神話のメインテーマである「出雲の国譲り」は、記録されていない。その代わり、「国引き神話」が掲載されている。

「はじめ出雲は小さかった。そこで八束水臣津《やつかみずおみつ》野命《ののみこと》（巨人神）が、各地から土地を引っ張ってきて寄せ集めて国土を編み出した……」

この神話の主役は「八束水臣津野命」で、記紀神話の主役である大国主神は蚊帳の外だ。大国主神（大己貴神、大穴持命《おおあなもちのみこと》）は『出雲国風土記』では、特別視されていないし、われわれが思い描くような牧歌的な大国主神の姿もない。出雲の地元で書かれた『出雲国風土記』は、大国主神に冷淡だ。

大国主神を『出雲国風土記』は「天の下造らしし大神」と称えるが、だからといって、どのように国造りをしたのか、どのように天上界に国を譲り渡したのか、その肝腎な説話が皆無なのだ。妙によそよそしく、土地の英雄に対する態度ではない。ここに、大きな謎がある。

考古学も、新たな謎を突きつける。「出雲」はヤマト建国に参画していたものの、中心的存在ではなかったと言っている。前方後円墳《ぜんぽうこうえんふん》に影響を与えたとしても、四隅突出型墳丘墓《よすみとつしゅつがたふんきゅうぼ》の斜面に張り巡らされていた貼石《はりいし》が、前方後円墳の葺石《ふきいし》になったのではないかと考えられているものの、前方後円墳の原型を作りあげたという吉備と比べると、見劣りがする。纏向《まきむく》に集まった出雲の土器も、あまり多くない。

とすると、『日本書紀』は出雲を意図的に大きく見せかけていたことになる。もちろん、八世紀の段階でヤマト建国の歴史は霧散していたとかつては信じられていたから、創作や過大評価は、特別大きな問題ではないと思われるかもしれない。しかし、本文で述べるように、『日本書紀』編者はヤマト建国の歴史を熟知していて、だからこそ、真相を闇に葬ってしまった可能性が高い。しかも、ヤマト建国に向けて、日本各地でさまざまな葛藤や活動がくり広げられていたにもかかわらず、『日本書紀』はそれらを「出雲」の土地で起きていたかのように、仕向けた。それが出雲神話だから、問題なのだ。

神話の舞台に出雲を選んだのは、意図的だと思う。ヤマト建国に貢献した他の地域を、きれいに消したのは、確信犯の所業であろう。つまり、「出雲神話」の裏側を覗き込むことで、『日本書紀』によって封印された古代史の多くの謎が、解き明かせるのではあるまいか。出雲以外で起きていた歴史が、出雲神話の中に隠されているとしか思えない。ならば、どうやって本当のヤマト建国の歴史を再現できるだろう。

そこで、いくつかの仮説を用意しなければならない。

まず、『日本書紀』研究が前進し、編纂《へんさん》の中心に立っていたのが藤原氏《ふじわら》だった可能性が高くなってきた。八世紀以降平安時代にかけて、藤原氏は権力を独占し、他の豪族を徹底的に排除していくが、その過程で多くの恨みを買い、祟る神におびえていくようになった。藤原氏は歴史書を編纂し、自身の醜悪な他者排斥の歴史をきれいに消し去り、藤原氏の正義を証明するために、ヤマト建国時に溯《さかのぼ》って歴史を改竄《かいざん》する必要に迫られたのではあるまいか。滅亡に追い込まれた政敵のほとんどが、ヤマト建国時から続く名家だったからだ。

そして、神話の中で弥生時代後期に日本列島のあちこちで起きていた事件を「出雲」に密閉し、その上で、のちに巨大な出雲大社を建造し、「神話は本当に出雲で起きていた」と、アリバイ工作を試みたのではなかったか。出雲大社は、歴史隠蔽《いんぺい》のための壮大なカラクリのひとつだと察しがつく。

そして今回、これまで筆者にとって出雲の謎解きの最大のネックだった事代主神《ことしろぬしのかみ》の正体を、明らかにしたいと思う（第五章）。国譲りの決断を下した事代主神なのに、なぜ影が薄いのか。

なぜ神武は出雲の事代主神の娘を娶《めと》ったと『日本書紀』は設定したのか。なぜ『出雲国造《いずものくにのみやつこの》神賀詞《かむよごと》』は、出雲を代表する神の一柱として事代主神を選び、ヤマトに祀られたと言っているのか。

これまで絵空事と思われてきた「出雲神話」の真相、そして「ヤマトに連れて来られた出雲神やその娘たち」の、その本当の姿が分かったとき、ヤマト建国の悲しい歴史に気づかされるのだ。『日本書紀』は、事代主神が応神に寄り添ってヤマトを目指したと記録している。なぜ、歴史時代に、神武や応神に、事代主神がからんでくるのだろう。しかも応神東遷《とうせん》説話のなかで、事代主神は、ヤマトに入ることなく、途中で祀られている。これはいったいなんだろう。「歴史時代に頻繁に登場する出雲神たち」「その代表例が事代主神だった」ことの意味を、考えてみたい。これまで、事代主神は古代史解明の盲点だったのだ。

出雲神話の謎を、解き明かしてみたい。

出雲神話の正体　封印された古代の真相　◉　目次

第二章　ヤマト建国と出雲の歴史　

第三章　なぜ出雲の神々がヤマトで祀られるのか　101

第五章　出雲神話の真実　191

装丁――折原カズヒロ
カバー写真――photolibrary
本文写真――関　裕二

出雲神話の正体

封印された古代の真相

第一章　出雲大社と出雲国造家の謎

なぜ邪悪な出雲神を日本人は愛してきたのか

出雲《いずも》最大の謎は、「日本人が出雲神を嫌っていない」ことではなかろうか。現代人だけではない。長い間、列島人は出雲神を愛してきたように思う。正史『日本書紀《にほんしょき》』は、出雲神を邪悪で鬼のような存在だと言っている。にもかかわらず、なぜ人びとに親しまれてきたのだろう。

出雲を代表する神といえば大国主神《おおくにぬしのかみ》（大己貴神《おおあなむちのかみ》）や事代主神《ことしろぬしのかみ》だが、彼らは、のちに七福神の大黒様やえびす様と習合し、人びとに愛されていく。スサノヲ（素戔嗚尊《すさのおのみこと》）も、疫神として恐れられたが、いつしか、疫病退散の神として崇められ、牛頭天王《ごずてんのう》と習合している。スサノヲに、邪悪なイメージはない。民衆の救い神となった。

ところが、『日本書紀』の出雲神は、天皇家の敵なのだ。邪悪な出雲神の例を、いくつか挙げておこう（『日本書紀』神代下　第九段正文）。

高皇産霊尊《たかみむすひのみこと》は孫の天津彦彦火瓊瓊杵尊《あまつひこひこほのににぎのみこと》（以下ニニギ）を立てて、葦原中国《あしはらのなかつくに》の支配者にしようと目論んだが、地上界には蛍火のように怪しく光る神や、蠅のように騒ぐ邪神がいた。そこで高皇産霊尊は神々を集めて、葦原中国の邪鬼を祓《はら》い、平定する意志を示した。そして、出雲国造家《いずもこくそうけ》の祖神である天穂日命《あまのほひのみこと》が送り込まれることになった。ただし、天穂日命は、大己貴神（大国主神）におもねり媚びて、三年たっても、何も報告してこなかった。天穂日命の子供もさし向けられたが、やはり復命してこなかった……。

この場面で『日本書紀』は、地上界の神々が「邪神」であり「鬼」だといっている。出雲建国の父・スサノヲも、蔑まれている。『日本書紀』神代上第七段一書第三に、次の話が載る。

スサノヲは乱暴がすぎたために神々に非難され、天上界から出ていくように命じられた。その時長雨で、スサノヲは笠と蓑《みの》を着て神々に宿を乞うた。しかし「穢《けが》らわしい」と相手にしてくれない。やむなくスサノヲは、その場を去った。それ以来、世間では簑笠を着て人様の家に入ることを嫌うようになった。このあとスサノヲは、アマテラスにお目にかかりたいと思い、天上に昇って行った。この時、天は鳴動し、日神《ひのかみ》（アマテラス）は、スサノヲに邪心があると疑い、恐れた……。

古くは、簑笠を着て身を隠す者を「鬼」とみなした。だから、スサノヲは穢れた存在で、邪険に扱われたということになる。

正史『日本書紀』が出雲神を悪し様に描いているのに、なぜわれわれは、出雲神に親近感を感じてしまうのだろう。敗れて去って行った出雲神に対する判官贔屓なのだろうか。

正史は「正しい歴史」ではなく、政権側が正式に編んだ歴史書を指している。政権側というのは、要は権力者側の主張ということになる。だから『日本書紀』が「大悪人」「鬼」とレッテルを貼ったからといって、それを無批判に信じるわけにはいかない。出雲神たちが嫌われず、民間信仰に深く根ざしていったことこそ、大きな意味を持っていると思う。

『日本書紀』は出雲神を悪し様に描いているのに、日本人が、長い間、出雲神を愛してきた事実こそ、大切なのだ。

悪い出雲神と祟りをもたらす優しい出雲神

じつは『日本書紀』でさえ、「悪い出雲神」と罵りつつも、「黎明期のヤマトの王家は出雲神を邪険にしていない」と記録している。これはいったいなんだろう。

たとえば『日本書紀』の中で神武天皇は、即位後出雲の神の娘を正妃に立てている。事代主神と三島溝橛耳神《みしまのみぞくいみみのかみ》の娘の間に生まれた媛蹈鞴五十鈴媛命《ひめたたらいすずひめのみこと》だ。また、第二代綏靖《すいぜい》天皇は、五十鈴依《いすずより》媛命《ひめのみこと》を正妃に立てたが、この女性も事代主神の娘で媛蹈鞴五十鈴媛命の妹だ。第三代安寧《あんねい》天皇の正妃は渟名底仲媛命《ぬなそこなかつひめのみこと》で、事代主神の孫・鴨王《かものおおきみ》の娘だ。『古事記』には、美和《みわ》（奈良県桜井市の三輪山《みわ》）の大物主神《おおものぬしのかみ》が三嶋の湟咋《みぞくい》の娘・勢夜陀多良比《せやだたらひ》売《め》の容姿が美しいので結ばれ、その娘が富登多多良伊須須岐比売命《ほとたたらいすすきひめのみこと》（またの名を比売多多良伊須《ひめたたらいす》気余理比売《けよりひめ》）だったこと、この娘を正妃に神武天皇は迎えいれたとある。

初代から三代まで、ヤマト黎明期の正妃は、ことごとく出雲神の娘や末裔だったと『日本書紀』は言っている。史実はどうであれ、『日本書紀』はそういう設定にしている。『古事記』も、神武天皇の正妃が出雲系だったと記録した。

なぜ初代神武を筆頭に、黎明期の王家は、政敵で邪悪な出雲神におもねったのか。あるいは、なぜ『日本書紀』は、そのような設定を用いる必要があったのだろう。

それだけではない。実在の初代王と目されている第十代崇神《すじん》天皇は、疫病の蔓延に辟易し、三輪の大物主神を丁重に祀ったという。人口が激減するほどの猛威を振るったらしい。『古事記』は大物主神の意思だと記録し、大物主神を祟る神とみなしている。

大物主神はもともと出雲の神だった。『日本書紀』神代上第八段一書第六に、次の話がある。国造りを終えた大己貴神（大国主神）が出雲国に至ったときの話だ。

「この国を平定したのは私（大己貴神）だけだ。私といっしょに天下を納める者はいるのだろうか」

このように大己貴神が語ると、神々しい光が海を照らし、浮かび上がってくる者がいて、

「私がいなかったら、あなたはどうして国を平定することができただろう。偉大な功績を残せただろう」

と語りかけた。そこで大己貴神は名を問うと、

「私はあなたの幸魂《さきみたま》・奇魂《くしみたま》だ」

と言う。大己貴神は納得し、どこに住みたいのかを尋ねた。すると、

「私は日本国《やまとのくに》の三諸山《みもろ》（三輪山）に住みたい」

と言うので、三輪山に宮を造り、住まわせた。これが、大三輪《おおみわ》（大神神社《おおみわ》）の神だ……。

大物主神は大己貴命の幸魂・奇魂だという。これは「和魂《にぎみたま》（和やかな魂）」で「荒魂《あらみたま》（荒々しい害をなす魂）と対をなし、幸福をもたらし奇しき働きをする御魂だ。

神話の中で、大物主神はだれよりも早くヤマトに乗り込んだ神なのだが、崇神天皇の時代に疫神となって大暴れしたのはなぜだろう。大己貴神の和魂なのだから、「優しい神さま」だったはずなのだ。『日本書紀』の記事は、ここで大きな矛盾をはらんでいる。

『日本書紀』の示す神々の善悪の基準は、揺らぎ続けているように思えてならない。

なぜ黎明期のヤマトの王家は、政敵だった出雲系の女性を正妃に立て（出雲神におもねり）、優しいはずの出雲神の祟りにおびえたのだろう。

なぜ悪い出雲神に恨まれた話を作ったのか

第十一代垂仁《すいにん》天皇（崇神天皇の子供）の時代にも、王家は出雲神と関わっている。『日本書紀』垂仁二十三年秋九月条に、以下の記事がある。

垂仁天皇の御子・誉津別王《ほむつわけのみこ》（誉津別皇子《みこ》）は、三十歳になって八掬髯鬚《やつかひげ》（長いヒゲ）が生えても泣き止まず、言葉を発しなかった。そんなある日、鵠《くぐい》（白鳥）が空を飛んでいるのを観た皇子は、「あれはなんでしょう」と呟いた。そこで人を遣わし鵠を追わせると、出雲で捕まり献上された。あるいは、但馬《たじま》（兵庫県北部）で捕獲した。すると皇子は言葉を喋るようになった……。

なぜ、皇子の災難と出雲がからんでいるのだろう。『古事記』にもそっくりな話が載る（名は本牟智和気《ほむちわけ》）。こちらでは「その祟りは出雲大神の御心」だったと言い、さらに大神は天皇の夢に出現し、

「私の宮を修理して、天皇の御舎《みあらか》のようにすれば、その御子（本牟智和気）は必ずものを言うようになるだろう」

と述べている。そこで天皇は、御子を出雲に遣わし、大神を拝ませたという。

黎明期の王家は、出雲神におびえている……。

しかし、よくよく考えてみれば、出雲神を恐れる理由はなかったはずだ。出雲の国譲りは天上界の神々（天神《あまつかみ》）による正義の戦いであり、悪しき神々＝出雲神（国神《くにつかみ》）も、天上界の強引ともいえる国譲りの要求に対し、条件闘争をしたのち、納得して幽界に去って行ったのであって、恨まれ、祟られる筋合いはなかった。少なくとも、『日本書紀』神話を読むかぎり、天神に非はない。だから、ヤマトの王家が出雲神の祟りにおびえる理由が分からない。

さらに、『日本書紀』が記録したように、出雲神が悪しき神で、しかも民に襲いかかり疫病を蔓延させたのなら、なぜ出雲神はその後、人びとに親しまれていったのだろう。

こう考えることも可能だ。すなわち、神話は絵空事で歴史ではないから、矛盾も深く考える必要がない？　あるいは、八世紀の人びとは、弥生時代後期やヤマト建国の歴史を忘却していて、物語を適当に作ってしまった？　というものだ。

しかし、ひとつ強調しておきたいのは、『日本書紀』が神話本文の他に、無数の異伝を残していることの不自然さだ。神話を「ひとつのまとまった話」に統一できなかったところに、大きな秘密が隠されていて、それを裏返せば、

「『日本書紀』編者はヤマト建国直前の歴史を熟知していたからこそ、神話の異説をいくつも載せ、知らぬ存ぜぬを貫き通したのではなかったか」

どういうことか、説明しよう。

『日本書紀』は知っているのに知らぬ振りをした

『日本書紀』神話の謎のひとつに、「複数の異伝」がある。

『日本書紀』の神話は、まず「本文（正文）」が記され、そのあとに、「一書〜」の形で、異なる伝承が羅列され、本文にはなかった話が、採りあげられている。しかもその数が多すぎる。

この「正史」の記述について、編纂者の良心と受けとめるべきだろうか。歴史家としての良心が、「神話はいくつも説話があって、どれが本当なのか、よくわからない」ことから、「とりあえずみつかった神話を並べてみる」という方法を選んだとみなす考えだ。一般には、この発想が常識化していると思われる。

しかし、かつて考えられていたように、『日本書紀』が天皇家の正統性を証明するための歴史書とするならば、この推理は通らないはずだ。『日本書紀』編者が弥生時代からヤマト建国に至る歴史を知らなかったとしても、『日本書紀』は神話を整然と書き改め、天皇家の正義と正統性を証明するために、矛盾のないひとつの物語を生み出しただろうし、そうするべきだった。正史とは、そういうものなのだ。プロパガンダなのだから、わかりやすい神話が求められる。

また、『日本書紀』研究が進展し、この歴史書がきわめて政治的な意図を持って編纂されたことがはっきりしてきた。しかも『日本書紀』は、天皇家のための歴史書ではない。

かつては天武《てんむ》天皇や天皇家のために『日本書紀』は記されたと信じられていたし、いまだにそう考える史学者は少なくない。だが、もはや時代後れの発想だ。『日本書紀』編纂の中心に立っていたのは中臣《なかとみの》（藤原《ふじわらの》）鎌足《かまたり》の子の藤原不比等《ふじわらのふひと》で、『日本書紀』は藤原氏の正義を証明するために記されていた可能性が高くなってきた。

藤原不比等は父・中臣鎌足の蘇我入鹿《そがのいるか》暗殺を礼讃し、また、本当は改革派だった蘇我入鹿を大悪人に仕立て上げるために、『日本書紀』編纂を思いついた可能性が高くなってきたのである。

藤原不比等は藤原氏一党独裁の基礎固めをした人物で、藤原氏の正義を『日本書紀』で証明してみせたのだ。そして、藤原氏にとって都合の悪い歴史は、ことごとく抹殺し、改竄したに違いない。

そう考えると、神話を統一せず、いくつもの異伝を羅列したことに関して、「歴史家としての良心」と感心していては、それこそ藤原不比等の思う壺なのだ。

『日本書紀』編纂者は神話にヤマト建国前後に起きていた史実を埋め込み、あるいは、歴史の真相を神話化して話をごまかし、歴史改竄をしたのだろう。その上で、「何も知らないから、いくつも話を並べた」と、とぼけてみせたと思わざるをえないのである。

なぜ地上界の神話は出雲と日向に狭められてしまったのか

『日本書紀』によって「正式に」邪しき神と罵られた出雲神だが、その『日本書紀』は、黎明期のヤマトの王家は出雲神の顔色をうかがっていたと、矛盾する歴史を残した。

長い間日本人が出雲神に親近感を抱き続けてきたのは、「出雲神は本当はいいヤツだった」からではあるまいか。

もちろん、このような漠然とした推理を述べても、なんの役にも立たないのだが、『日本書紀』の出雲神話には、さらに謎が隠されている。

イザナキ（伊弉諾尊《いざなきのみこと》）がアマテラス（天照大神《あまてらすおおみかみ》）とスサノヲ（素戔嗚尊《すさのおのみこと》）を産むと、話は一度天上界で展開される。ただ、スサノヲはすぐに天上界を追放され、出雲の簸川《ひのかわ》の上流に舞い下りた。天上界で穢れた神とけなされた直後、地上界に下りたスサノヲは、めざましい活躍をはじめるのだ。こうして、出雲神話が始まり、国譲りへと続いていく。

そこで指摘しておきたい問題は、地上界の神話の舞台がじつに狭い、と言うことだ。出雲（旧出雲国、島根県東部）と日向《ひむか》（宮崎県と鹿児島県の一部）のほぼ二ヶ所だからである。

かつて、この「神話の舞台が出雲と日向だけ」について、深く議論されてこなかったように思う。「神話は創作にすぎず、また、政権にとって都合の良いプロパガンダ」という発想もあっただろうし、出雲で国譲りが行なわれた後、なぜ出雲をスルーして日向に皇祖神が舞い下りたのかに関しても、天皇家の祖は渡来系で、朝鮮半島から九州に攻め入ったのではないかとも考えられていた。代表例は、江上波夫《えがみなみお》の「騎馬民族征服王朝説」で、これが一世を風靡した。

こうして、邪馬台国北部九州説とも連動して、ヤマト建国は、西側からの強大な勢力の征服劇とみなされるようになったのだ。

ただし、ヤマト建国の考古学が、このような漠然とした常識「ヤマト征服説」を否定してしまった。詳細はのちに触れるが、ヤマト政権は、周辺の諸勢力が寄り集まって、前方後円墳という新たな埋葬文化を生み出し、緩やかにつながるネットワークを構築していたことが分かってきている。

当時もっとも栄えていたのは北部九州で、大量の鉄器を保有して強い王が生まれていた。出雲は、弥生時代後期に各地に生まれた集団の一勢力にすぎなかったが、北部九州勢力と手を組むことによって、繁栄の基礎を築いていた。ただし、出雲は神話にあるような、日本列島を代表するような勢力でもないし、抜きん出た存在だったわけではない。

また天孫降臨と日向神話の地・南部九州にしても、鉄器の保有量という点で比較すれば、北部九州や中国地方とは比べものにならないほど少なかった。

とすれば、やはり「神話の舞台」に、なぜ出雲と日向が選ばれたのか、他の地域は無視されたのか、大きな謎を生むのである。

ヤマト建国の考古学は、弥生時代後期の日本列島に、さまざまな勢力が林立していたことを突きとめている。北部九州、山陰地方の出雲やタニハ（但馬《たじま》、丹波《たんば》、丹後《たんご》、若狭《わかさ》）、越《こし》、吉備《きび》、播磨《はりま》、近江《おうみ》、東海地方など、侮れない勢力が覇を競っていたのだ。もし八世紀の『日本書紀』編者が、このヤマト建国の歴史を知っていたなら、意図的に出雲を強調し、他の地域を抹殺したことになる。

そして問題は、『日本書紀』編者がヤマト建国の歴史を知らなかったから出雲を大きく取りあげたわけではなく、熟知していたからこそ、神話の舞台（地域）を小さくしてしまっていた可能性が高いということなのだ。その証拠を、いくつか掲げておこう。

ヤマト建国の考古学と『日本書紀』の記事は重なる

初代神武天皇は二千数百年前にヤマトに乗り込んだというが、弥生時代の真っ只中に、ヤマトに政権らしきものが誕生していたとは考えられない。くどいようだが、弥生時代後期の段階で、北部九州を中心に鉄器が普及しているが、ヤマトは鉄の過疎地帯だった。

それだけではない。二代から九代に至る天皇の業績が記録されていないため、実在しなかったのではないかと推理されたのだ。いわゆる「欠史《けっし》八代《はちだい》」がこれだ。そこで、第十代崇神天皇が、本物の初代王と推理されたのだ。

神武天皇の記事は、最初と最後が詳しく、途中が省略されているのに対し、崇神天皇にまつわる記事は、最初と最後がなく、中間が詳細なため、ふたりの記事を重ねると、ひとりの人物の歴史になるとも考えられている。

また、神武と崇神ふたりとも「ハックニシラス天皇（はじめて国を治めた天皇）」と称えられたため、両者は重なると考えられたわけだ。

まだある。ヤマト建国は三世紀から四世紀にかけて、三輪山麓の扇状地・纏向遺跡《まきむく》（奈良県桜井市）でなされたが、第十代崇神天皇の宮は、纏向に隣接した場所で、第十一代垂仁天皇は、まさに纏向宮だった。これは、偶然ではあるまい。

初代神武天皇の東遷物語も、ヤマト建国の考古学と合致する場面がある。

神武のヤマト入りに最後まで抵抗したのはナガスネビコ（長髄彦《ながすねびこ》）だった。その様子を『日本書紀』から見てみよう。

ナガスネビコは神武に使者を遣わして、次のように神武に語った。

「昔、天神の子がいらっしゃいました。天磐船《あまのいわふね》に乗って天から降りてまいりました。名付けて櫛《くし》玉饒速日命《たまにぎはやひのみこと》と申します。私の妹の三炊屋媛《みかしきやひめ》を娶《めと》り、子が生まれました。それが可美真手命《うましまでのみこと》といいます。そこで私はニギハヤヒを君主として仕えてまいりました。天神の子がふたりこの世にいらっしゃるのでしょうか。あなたは偽って人の土地を奪おうとしているのではありませんか。察するところ、決して本当のことではないでしょう」

これに対し神武は、天神の子は大勢いること、ニギハヤヒが本当に天神の子というのなら、その証拠を見せてみろ、というので、ナガスネビコはその証拠を、神武も自身が天神の子である証拠を見せた……。

ここで注目したいのは、ヤマト建国の直前、まずナガスネビコがヤマトに君臨していて（土着と考えられているが、そうではないと思う。理由はのちに語る）、そのあと、ニギハヤヒがヤマトに乗り込み、最後に神武がヤマトに入り、ヤマト建国の物語が終わることだ。この、「いくつかの勢力がヤマトに集まってきた」という図式は、纏向の考古学とまさに合致していたのである。

『日本書紀』崇神十年秋七月条に、次の記事がある。

崇神天皇は群卿《まえつきみたち》に詔《みことのり》して、

「民を導く基本は教化することだ。いますでに、神祇《じんぎ》を敬い、災害は消えてなくなった（大物主神の祟りなど）。しかし、辺境の民は、なお臣従していない。これは、いまだに王化の徳に浴していないからだ。そこで群卿を選び、四方に遣わし、私の教え（朕《わ》が憲《のり》）を知らしめよ」

とおっしゃった。

そして九月、四人の将軍を北陸、東海、西道《にしのみち》（山陽道）、丹波（山陰道）に遣わしたとある。これがいわゆる、四道《しどう》将軍の派遣である。

この詔の中で、「辺境の民は臣従していない」とあり、原文は「猶《なほ》し正朔《せいさく》を受けず」と記されているが、これは「王が新しく世を治めようとすることに従わない」意味となる。やはり崇神天皇は、初代王にふさわしい。

また、四道将軍は崇神十一年夏四月に各地を平定したことを奏上してきたが、この年、異国の人びともヤマト政権に帰順してきて、世の中は平安だった。そして十二年秋九月に、天神地祇《てんじんちぎ》は穏やかになり、天候も安定し、穀物は熟し、家々は豊かになって人びとは満足し、天下は平穏になった。そのため人びとは天皇を讃えて、「御肇国天皇《はつくにしらすめらみこと》」と申し上げたとある。

この説話の中に、崇神天皇が初代王だったことを匂わす文面が、いくつも散りばめられているのが分かる。『日本書紀』編者は、崇神天皇の時代にヤマト政権が誕生したことを、分かってい

三輪山麓にある箸墓古墳《箸中山古墳》（奈良県桜井市）

たはずだ。

そして崇神天皇の時代の歴史と考古学のヤマト建国が、重なってくる。

『日本書紀』編者はヤマト建国の歴史を知っていた

箸墓古墳《はしはか》（箸中山古墳《はしなかやま》）が、重要な意味を持っている。

ヤマト建国のきっかけは、三世紀初頭（二世紀末とする説もある）に人びとが纏向に集まってきたことだが、「ヤマト建国と古墳時代の始まり」は、纏向で造られる初期型（纏向型）の前方後円墳《ぜんぽうこうえんふん》が定型化した前方後円墳に移行した段階に求められている。三世紀後半から四世紀にかけてのことだ（はっきりとした年代はわかっていない）。

定型化した前方後円墳の典型例が箸墓古墳で、

この秀麗な前方後円墳が出現した頃、ヤマトは建国されたと考えられている。各地の首長たちが前方後円墳を採り入れ、広大な範囲に前方後円墳が伝わっていった（あるいは、ヤマト政権が造営を許した）のだ。

箸墓の造営年代が問題になっていて、周濠からみつかった有機物を炭素14年代法で分析したところ、もっとも古く見積もれば三世紀半ばとなる。邪馬台国《やまたいこく》の卑弥呼《ひみこ》の亡くなったのがまさにその頃で、この前方後円墳の埋葬者は卑弥呼ではないかと騒がれているのだ（しかし、これも確定したわけではない。邪馬台国畿内論者はこれをもって邪馬台国論争は決着したと言い張るが、完ぺきに勇み足だ。）。

箸墓について『日本書紀』は、詳しく述べている。その記事を追ってみよう。

三輪山の大物主神と倭迹迹《やまととと》日《ひ》百襲姫命《ももそひめのみこと》（孝霊《こうれい》天皇の娘）の説話だ。倭迹迹日百襲姫命の「トトヒ」は、「十十＝百になる霊的存在」で、ヤマトを代表する巫女でもある。崇神七年二月には、疫病の蔓延に苦しんだ崇神天皇が恐れおののき、神浅茅《かむあさじ》原《はら》に行幸《ぎょうこう》され、八十万の神々を集めて占いをされたが、そのとき倭迹迹日百襲姫命に、神が乗り移り、「私を祀れ」と命令している。この恐ろしい神こそ大物主神で、大物主神の子の大田田根子を祀るようになった。さらにそのあと、倭迹迹日百襲姫命は、大物主神の妻（巫女）になった。

そして、崇神十年九月条の次の記事につながる。

大物主神は倭迹迹日百襲姫命の元に夜だけ通ってきた。だから倭迹迹日百襲姫命は、麗しいお姿を見てみたいと、昼間にやってきてほしいと懇願する。すると大物主神は、明朝、櫛笥《くしげ》（櫛を入れる箱）に入っているると告げる。言われたとおり箱を開けてみると、美しい小蛇《こおろち》が入っていた。倭迹迹日百襲姫命は驚き、叫んでしまった。大物主神は恥じて、大空を踏みとどろかせ、三諸山に帰っていった。倭迹迹日百襲姫命は悔いて尻餅をついた。その時、箸でホト（女陰）を突いて亡くなってしまった。こうして倭迹迹日百襲姫命のために墓が造られた。昼は人が、夜は神が造った。大坂山《おおさかのやま》（奈良県香芝《かしば》市穴虫《あなむし》。二上《ふたかみ》山の北側）の石を運んだ。山から墓に民が並んで手渡しした。時の人は、歌を詠んだ。

大坂《おほさか》に　継《つ》ぎ登《のぼ》れる　石群《いしむら》を　手逓伝《たがし》に越《こ》さば　越しかてむかも

これが、倭迹迹日百襲姫命と箸墓の物語だ。最後の歌を今風に訳すと、つぎのようになる。

「大坂から石を運ぶなど、できないと思っているだろ。いやいや、人が並んで運べば、不可能も可能になるのさ」

考古学的に考えても、箸墓は画期的な古墳であり、『日本書紀』の説話の中でも、特別視されていたことが分かる。

さらに、三輪山にだれよりも早く移り住んだ（鎮座していた）大物主神が、崇神天皇の時代に強い影響力を示していたところに、深い意味を感じずにはいられない。

少なくとも、八世紀の『日本書紀』編者が、ヤマト建国のいきさつを知っていた可能性は、高まるばかりなのだ。

ヤマト建国前後の考古学を再現しているのは神功皇后

多くの歴史学者は「『日本書紀』編者は詳しい歴史を知らなかった」と信じていたが、ヤマト建国の考古学が、弥生時代後期から四世紀ごろの日本列島の様子を詳細に語るようになって、事情は大きく変わってきたと思う。『日本書紀』の初代王と十代王の周辺の記事に、ヤマト建国の歴史が散りばめられていたようなのだ。

そして筆者は、もうひとり、第十五代応神天皇も、ヤマト黎明期に活躍した人物だと考えている。母親の神功皇后《じんぐうこうごう》が、三世紀の女傑だった可能性が高いからだ。この仮説は他の拙著の中で述べてきたし、のちに再び触れるので、簡単に説明しておく。

ヤマト建国前後の三世紀、纏向遺跡に人びとが集まってきた時代、人びとの流れは、畿内周辺や山陰から西側に向かい、北部九州に押し寄せていたことが分かっている。奴国《なこく》（福岡県福岡市と周辺）に集中していて、ここを拠点に、ヤマト政権は北部九州を支配下に置こうとしていたようだ。

この「ヤマトが北部九州の奴国に押しかけた」という話、『日本書紀』では、唯一仲哀天皇と神功皇后の夫婦の説話が当てはまるのだ。しかもふたりの行動は、三世紀の考古学をほぼなぞっている。とても偶然とは思えない「精度」なのだ。

それだけではない。神功皇后摂政紀（日本書紀）の中に「魏志倭人伝《ぎしわじんでん》」の記事が引用されている。『日本書紀』編者は三世紀の邪馬台国の歴史を掌握していて、神功皇后と応神の時代にあてがったわけだ。

とはいえ、ほとんどの史学者は、『日本書紀』のこの記事を重要視しない。干支《かんし》二巡（六〇×二＝一二〇年）開きがある邪馬台国と神功皇后の時代を、『日本書紀』編者は無理矢理結びつけたにすぎないと解釈している。

もちろん、考古学がヤマト建国の詳細を明らかにする以前の考えなので、もう一度見つめ直す必要があることは、いうまでもない。ただ、文献学者と考古学者の間に「縄張りを侵さない」という暗黙の了解があるのか、なかなか神功皇后や応神天皇と三世紀をつなごうとはしない。じつに残念なことだ。

なぜ神功皇后の母子にこだわるかというと、すでに触れたように、『日本書紀』編纂の目的は「天皇家の正統性と正義を証明して礼讃するため」ではなく、藤原氏の正義を証明するためだったからで、神功皇后と応神は、まっさきに正体を消される運命にあった。

『日本書紀』は藤原氏が追い落としてしまった古代豪族の素姓を消し去る必要があり、ヤマト建国に遡《さかのぼ》り、歴史を改竄してしまい、ヤマト建国を三つの時代に分解してしまった可能性が高い。

初代神武と第十代崇神天皇が同時代と通説は考えるが、第十代と第十五代応神も、本来同一だったのではないかと筆者は考えている。

八世紀に藤原氏が台頭して、物部《もののべ》氏、蘇我《そが》氏、大伴《おおとも》氏ら、名だたる古代豪族が没落していったが、彼らはヤマト建国の功労者であり、成り上がりの藤原氏（百済《くだら》王家出身と思われる。拙著『豊璋《ほうしょう》 藤原鎌足の正体』河出書房新社）は、名門豪族の存在を面白く思っていなかったし、その正体を抹殺するためにも、ヤマト建国の歴史をうやむやにしてしまう動機は揃っていた。特に、七世紀の改革の旗手だった蘇我氏をとことん追いつめたのは藤原氏で、『日本書紀』の中で改革者の蘇我氏を大悪人に仕立て上げることに成功している。

その一方で『日本書紀』は、蘇我氏の祖の系譜を隠蔽した。『古事記』は神功皇后の側近・建内宿禰《たけうちのすくね》（武内宿禰《たけうちのすくね》）の末裔が蘇我氏だったことをさらりと記録しているが、『日本書紀』は無視した。もちろん、武内宿禰の正体を消し去りたい『日本書紀』は、神功皇后や周辺のできごとに関しても、徹底的に「真相を消し去った」可能性がある。

神功皇后や応神天皇を守ったのが武内宿禰であり、蘇我氏の祖がヤマト建国の前後に大活躍していたとすれば、当然『日本書紀』は、ヤマト建国を闇に葬ろうとしただろう。そして、改革派の蘇我氏を見事に「古代史最大の悪人」に見せかけることに成功した『日本書紀』は、ヤマト建国前後の歴史を「出雲神話」に封じこめてしまったにちがいない。ヤマト建国に活躍した地域をことごとく覆い隠し、出雲と日向ですべての事件が起きていたことにしてしまったのだろう。

出雲国譲りの前段階

出雲神話が頭にすり込まれているから、出雲に巨大な出雲大社が屹立していることに違和感を

雲太・和二・京三のイメージ

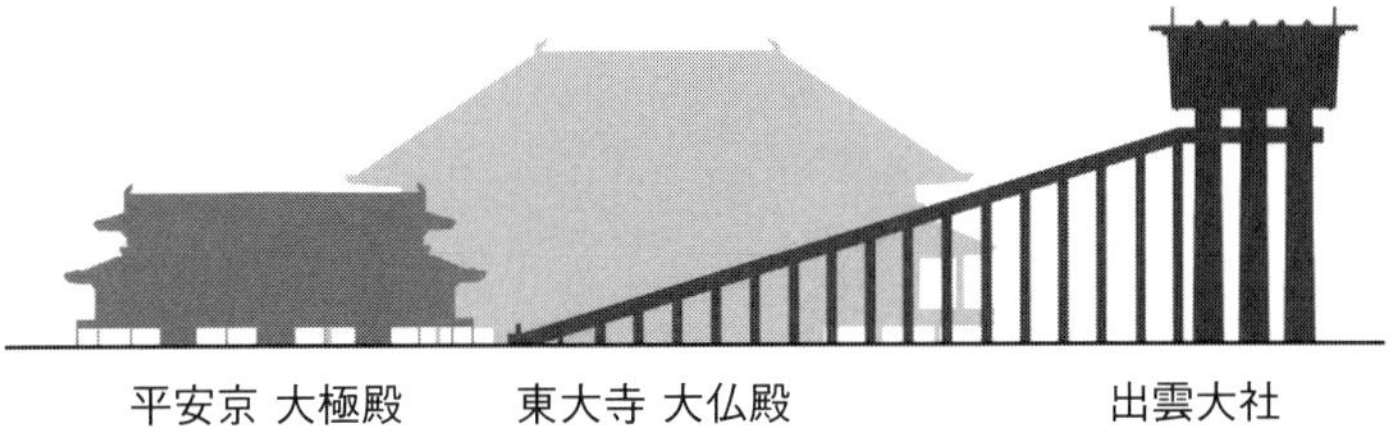

雲太・和二・京三シルエット（出雲大社本殿：福山敏男監修・大林組設計、東大寺大仏殿：山本栄吾「東大寺創建大仏殿復元私考」〈日本建築学会論文報告書69号〉、平安宮大極殿：高橋康夫監修設計図面による）

覚えない。しかし、ヤマト建国の考古学が指摘するのは、「出雲はヤマト建国の歯車のひとつでしかなかった」のだから、巨大神殿は、謎めくのだ。

　平安時代中期に記された子供用の書物『口遊《くちずさみ》』に、有名な「雲太《うんた》、和二《わに》、京三《きょうさん》」という一文がある。出雲大社の社殿が一番大きく、次に大和の東大寺大仏殿、京都の大極殿の順番になるという。すでに平安時代、出雲大社が日本一大きな建造物だと、認知されていたわけだ。

　なぜ、出雲大社は巨大なのか。

　そこで、出雲の国譲りのあらすじだけでも、おさらいしておこう。『日本書紀』神代下第九段本文の記事を要約する。

　アマテラスの子・正哉《まさか》吾《あ》勝勝速日《かつかちはやひ》天忍穂耳尊《あまのおしほみみのみこと》は高皇産霊《たかみむすひの》尊《みこと》の娘を娶り、天津《あまつ》彦彦火瓊瓊杵尊《ひこひこほのににぎのみこと》（ニニギ）が生まれた。高皇産霊尊は孫を寵愛し、ニニギを葦原中国の主にしようと考えた。しかし、彼の地には蛍火のような神しい光を発する神と騒がしい邪神がいた。また、草木は言葉を発していた。そこで高皇産霊尊は神々を集め、邪鬼を払うためにだれをさし向ければ良いか話し合った。すると、みな揃って、天穂日命《あまのほひのみこと》を推薦した。これに従い、遣わしてみたが、大己貴神（大国主神）におもねって媚びて、三年間復命しなかった。そこで天穂日命の子をさし向けたが、埒が明かなかった。

そこで高皇産霊尊は、ふたたび神々を集め、だれを派遣するべきか話し合った。すると、皆が言うには、「天国玉の子・天稚彦《あめわかひこ》は雄壮な神です。試してみてはいかがでしょう」と言う。そこで天稚彦に天鹿児《あまのかご》弓《ゆみ》と天羽羽《あまのはは》矢《や》を授けて遣わした。

しかし、この神も不真面目だった。顕国玉《うつしくにたま》（大国主神）の娘の下照姫《したでるひめ》を娶り、留まり、あろうことか「私も葦原中国を治めてみたい」と、いいだした。高皇産霊尊は、天稚彦がなかなか報告してこないので、無名雉《ななしきぎし》を送り込んでみた。すると天稚彦は天鹿児弓と天羽羽矢で、雉を射殺してしまった。血のついた矢は天上界に届き、高皇産霊尊は「天稚彦」が国神と戦っているのだろう」と思い、矢を投げ返した。すると、天稚彦の胸に刺さり、絶命した。この時天稚彦は、新嘗《にいなめ》祭のために臥せっていた。天稚彦の遺骸は天上界にあげられ、喪屋《もや》を造り殯《もがり》を行なった。

これよりも前、天稚彦は大国主神の子・アジスキタカヒコネ（味耜高彦根神《あじすきたかひこねのかみ》）と仲が良かった。アジスキタカヒコネは天上界に上り天稚彦の喪を弔った。アジスキタカヒコネの容貌が天稚彦にそっくりだったため、親族はみな、「天稚彦は生きていた」と喜んだが、アジスキタカヒコネは激怒した。穢らわしいのも厭わずこうしてやってきたのに、死人と間違えるとは何ごとか、と。剣で喪屋を切り倒し、喪屋は美濃《みの》国（岐阜県）に落ちた。

国譲りを受諾した事代主神を祀る美保神社（島根県松江市美保関町）

これが、出雲の国譲りの前段階だ。あまり知られていない話だが、とても重要なヒントが隠されているので、覚えておいてほしい。

大己貴神は納得して出雲を去った？

出雲の国譲りは、ここからが本番だ。『日本書紀』の記事の続きを、追っていこう。

高皇産霊尊は、最後の切り札として、経津主《ふつぬしの》神《かみ》に武甕槌神《たけみかづちのかみ》を副えて送り込んだ。出雲国の五《い》十田狭《たさ》の小汀《おはま》（島根県出雲市大社町杵築北稲佐）に舞い下りた経津主神は、十握剣《とつかのつるぎ》を抜き、逆さまにして土に埋め、切先にあぐらをかいて坐り、大己貴神に語りかけた。

「高皇産霊尊は皇孫をおろし、この国に君臨させようと思われている。そこでわれらを遣わし、邪神を払い、平定しようとされている。お前はどう思う」

　すると大己貴神は、

「私の子に尋ねて、お返事申し上げます」

と言う。大己貴神の子の事代主神は、三《み》穂《ほ》の碕《さき》（島根半島最東端の美保関《みほのせき》）で釣りをしていた。そこで熊野の諸手船《もろたぶね》で使者を送った。すると事代主神は、

「今天《あま》つ神のご下問《かもん》があり、父（大己貴神）は譲るでしょう。私も異なることはありません」

と言った。そこで海に八重蒼柴籬《やえのあおふしがき》（小木で造った垣）を造り、船のへリを踏み傾け、去って行った。

　大己貴神は事代主神の言葉をもって、

「頼みにしていた子もすでに譲りました。私もお譲りしましょう。もし私が抗えば、国中の諸神も同じように抵抗するでしょう。私がお譲りすれば、みな従うでしょう」

　そう言って、国を平定したときに杖としていた広矛《ひろほこ》を二神《ふたはしらのかみ》に授けて、

「今から私は百足《ももた》らず八十隈《やそくまで》（多くの道の曲がり角。遠い隅っこ）に隠れましょう」

　こう言い終わって、ついに隠れてしまった。経津主神と武甕槌神は、従わない鬼神たちを誅伐し、ついに復命することができた……。

　これが出雲の国譲りで、この直後に、高皇産霊尊は孫のニニギを、真床追衾《まとこおうふすま》にくるんで地上界に降ろしたのだった。いわゆる天孫降臨神話と、日向神話が、こうして始まる。

『日本書紀』同段一書第二には、高皇産霊尊が大己貴神に向かって、次のように語りかけている。

「顕露之事《あらわなること》（現世のマツリゴト、政事《まつりごと》）は、我が皇孫が治める。お前は幽界の神事を司れ。お前が住む天日隅宮《あまのひすみのみや》を造営してやろう。千尋《ちひろ》もある長い栲縄《たくなわ》でしっかり結び、柱は高く太く、板は広く厚くしよう。また、田を耕してやろう。また、お前が海で遊ぶために、高橋（高い橋、高い梯子）と浮き橋と天鳥船（水鳥の船。他界である海を往来する）を造ろう。天安河《あまのやすのかわ》（天上界の洲《す》のある河原）にも打橋《うちはし》（簡単な橋）を造ろう。百八十縫の白楯《しらたて》（皮を幾重にも縫い合わせた丈夫な楯）を造ろう。また、お前を祀るのは天穂日命だ」

これに答えて、大己貴神は、

「天神の教えは、かくも懇《ねんごろ》ろで、どうして従わないことがありましょう。私が治めている現世の政事は、このあと皇孫がお治めになってください。私は去って、幽事《かくれたること》（目に見えない神の世界。死の世界）を治めましょう」

と申し上げた……。

この部分も無視できない。大己貴神は納得して、感謝して出雲を去っている。

条件闘争をした『古事記』の大国主神

この一書第二の出雲の国譲り神話には続きがあって、次の一節がある。

大己貴神が去った後、経津主神は岐神《ふなとのかみ》（道祖神《どうそじん》。猿田彦大神《さるたひこのおおかみ》）を先導役にして巡り、国中を平定した。反逆する者は討ち取り、服従する者を褒めた。この時帰順してきた首渠者《かみ》（首長）は、大物主神と事代主神だった。そこで、八十万神《やそよろずのかみ》を天高市《あまのたけち》（市を行なう高台。現実の高市＝明日香《あすか》周辺を天上界に模した）に集めて、率いて天に上り、至誠の様子を示した。高皇産霊尊は、告げた。

「お前がもし国神を妻にするなら、心の底から信じることはできないだろう。そこで今、私の娘の三穂津姫《みほつひめ》をお前の妻にしよう。八十万神を率い、永遠に皇孫を護るべし」

こうして、大物主神を地上界に降ろし、帰した。

ここで、本来同一だったはずの大己貴神と大物主神は、まったく別の神として登場している。のちに再び触れるが、『日本書紀』の「ついうっかり」だと思う。

それはともかく、一連の出雲の国譲りの記事を読んでもっとも注意しなければならないのは、大己貴神が高皇産霊尊の対応に感謝していることなのだ。「強引な征服劇と悲劇」と言うイメージとはほど遠い。現実には追いはらわれたわけだが、大己貴神は恨みひとつ述べていない。また、天上界の高皇産霊尊の偉大で寛大な姿だけが目立つのである。

高皇産霊尊は大己貴神に「お前が住む天日隅宮を造営してやろう。千尋もある長い栲縄で、しっかり結び、柱は高く太く、板は広く厚くしよう」と語りかけ、立派な宮を造ってあげると約束した。これに、大己貴神は感謝するわけである。

ならば、『古事記』にはどのように描かれているのだろう。

事代主神と建御名方神《たけみなかたのかみ》は、葦原中国を天神の御子に献上し、去って行った。すると大国主神は、子供たちの言うことに違わず、葦原中国を献上することを誓い、自身の住処について条件を提示した。

「天神御子《あまつかみのみこ》の天津日継《ひつ》ぎを伝える天の住居のように、底津石根《そこついわね》（大きな岩）に太い宮柱を建て、高天原に千木を高くそびえさせてお祭りくだされば、私は多くの道の曲がり角の先（僻遠《へきえん》の地）の出雲に隠れていましょう」

こう言って大国主神は去って行った……。

『古事記』と『日本書紀』の記事を比べてみると、若干の差が見られる。

『日本書紀』の場合、高皇産霊尊が大己貴神（大国主神）に立派な建物を下賜していたが、『古事記』の場合、大国主神が「天神のお住まいと同等の大きさの宮を建てて祀ってくだされば、おとなしくしていましょう」と述べている。大国主神は、「大きな住まいを造ってくれないと、暴れてやる」と、おどしていたことになる。ニュアンスが、まったく違うし、出雲は無条件降伏をしたわけではなさそうだ。

出雲大社はいつ建てられた?

所詮神話の設定だから、多少の差にこだわる必要があるのかと思われよう。しかし、『日本書紀』は朝廷（権力者。具体的には藤原氏）の主張であり、『古事記』の「『日本書紀』とは異なる伝承」は、「『日本書紀』の裏側の歴史を暴くための工夫」とみなすことができる。『古事記』序文は、この文書が『日本書紀』よりも先に編纂されたと「自称」しているが、序文そのものが偽作であることは、すでに常識であり、また、筆者は『古事記』は『日本書紀』完成後、『日本書紀』の内容に似せて、古い文書に手を加えて、細かい場面で『日本書紀』の嘘を暴くために編まれたと考えている。

『日本書紀』が、「出雲神は穏やかに感謝して去って行った」と言っているが、『古事記』は、条件を提示しているのであって、この差を無視することはできないのである。

ここで改めて確かめたいことは、「弥生時代後期～ヤマト建国に至る出雲」は神話に見合うほどの活躍をしていないにもかかわらず、なぜ巨大神社が建てられたのかである。

そもそも、出雲大社（正式には杵築大社《きづきのおおやしろ》）が、いつごろ創建されたのか、創建当時から巨大だ

大社造と呼ばれる日本最古の神社建築様式、出雲大社本殿。江戸時代（1744年）に再建された

ったのか、を知りたいのである。

まず、出雲大社は、いつごろ整えられたのだろう。

新谷尚紀《しんたにたかのり》は、出雲における神祇祭祀の3つの時代に分けている（『伊勢神宮と出雲大社』講談社選書メチエ）。

それをまとめると、次のようになる。

（1）自然霊を祀る青銅器祭祀の段階。アニマイズム（精霊崇拝）
（2）人間霊を祀る墳墓祭祀の段階。キングイズム（巫王・武王《ぶおう》崇拝）
（3）神祇霊を祀る神祇祭祀の段階。ゴッドイズム（神祇崇拝）

このなかで、出雲大社創建は、（3）の時代に相当するし、しかも『日本書紀』や『古事記』の記事を信じるならば、出雲の土地の人びとが自主的に建てたのではない。『日本書紀』は、高皇産霊尊が「造ってあげる」と言い、『古事記』は、大国主神が「造ってくれたらおとなしく去る」と言っているのだから、天上界の神＝おそらくヤマト政権が出雲神を祀る設備を整えた、ということになる。

出雲大神の宮は大きくない？

ならば、それは、いつ、どこに、どのような大きさだったのか、を知りたい。

『日本書紀』崇神六十年秋七月条に、次の記事がある。

武日照命《たけひなてるのみこと》（出雲臣の祖神。出雲国造家の祖）が天から持ち来たった神宝《かむだから》が出雲大神の宮（大己貴神を祀る宮。杵築大社？）に収められていて、崇神天皇は群臣に、これを見てみたいとおっしゃった。そこで矢田部造の遠祖の武諸隅《たけもろすみ》（物部系）を遣わして、献上させることにした。この時、出雲臣の遠祖の出雲振根《いずものふるね》が神宝を管理していたが、筑紫国にいっていて、留守だった。そこで弟の飯入根《いいいりね》が、皇命《おおみこと》を受けてすみやかに神宝を献上した。

出雲振根は九州から帰ってきて激怒し、飯入根を止屋《やむや》の淵（出雲市）に呼び出し、だまし討ちにして殺してしまう。事件の密告を受けて、崇神天皇は、吉備津彦《きびつひこ》と武渟河別《たけぬなかわわけ》を遣わし、出雲振根を誅殺《ちゅうさつ》した。このためしばらく、出雲臣たちは恐れかしこみ、神を祀らなかった。その時、丹波のとある人物の子が、幼子なのに言葉を発し、出雲の神宝にまつわる歌を口ずさんだ。これは、

「似つかわしくない」と恐れられ、神が取り憑いたのではないかと報告があり、崇神天皇は出雲の神を祀るように命じた……。

神宝の献上は、政権に対する服従を意味する。崇神天皇はヤマトの初代王であり、しかも出雲の王（首長）が北部九州に出かけている間にヤマト政権が出雲の神宝を奪ったところに、深い暗示が込められているように思えてならない。神話の出雲の国譲りを歴史時代に焼き直したようにも見える（現実の神宝争奪戦が神話の出雲の国譲りとなった?）。

そしてこの『日本書紀』の記事を信じるならば、ヤマト建国直後に、大己貴神を祀る宮（社）は存在したことになる（大きさの言及はないが）。少なくとも『日本書紀』は、そう言っている。

『古事記』にも、第十一代垂仁天皇の時代の話の中に、出雲の社が出てくる。ちょっとした祟りが起きていたこと、それは「出雲大神の御心なりき」と言い、そのため、大神の宮（杵築大社?）を祀ったとある。

二つの説話に共通するのは、出雲の神が恐ろしく、せかされるように出雲の神を祀りはじめたということだ。

『日本書紀』は、ヤマト黎明期に出雲の神を祀っていた、祀らせたと、記録する。そのため、これが巨大な出雲大社だったと想像しがちだが、このヤマト黎明期の二つの説話のなかに現れる出雲の神を祀る宮に関しては、「巨大だった」と強調していない。出雲の神を祀る場が設けられていた、と記されているのみだ。

考古学は、三世紀の山陰勢力がヤマト建国に参加したこと（纏向遺跡）、彼らが北部九州にもなだれ込んでいたこと（西新町《にしじんまち》遺跡など）を示しているが、その後、急速に没落していたことも明らかにしている。出雲では巨大な四隅突出型墳丘墓は造られなくなるし、前方後円墳の造営の開始も遅れる（東部では前方後方墳を造り続ける）。出雲はヤマト建国の直後、没落していたことは間違いなく、ヤマト政権内の主導権争いに敗れた可能性が高い。

この、衰退したときの悲劇的な事件が語り継がれ、出雲に「鎮魂のための施設」が造られたと推理できる。ただ、だからといって、それが出雲大社であったかどうかははっきりしないし、どうやら、巨大だったわけではなさそうだ。

出雲国造が出雲大社を祀りはじめたのは八世紀

出雲大社を祀り続けてきたのは天穂日命の末裔の出雲国造家（出雲臣《いずものおみ》、千家《せんげ》家、北島《きたじま》家）だが、彼らは初めから出雲の西部に拠点を構えていたわけではない。東部の意宇《おう》（島根県松江市の一部、安来市の一部）の実力者だった。そして古墳時代、なぜか出雲の東部は前方後方墳や方墳を造り続けていくのである。

ヤマト建国の直前、すでに出雲には東西の二大勢力が存在したが、古墳時代（前方後円墳体制）に入るとどちらも没落し、その後西側の地域は前方後円墳を造り、東側ではあえて、なぜか前方後方墳を造営するようになった。その、偏屈な前方後方墳を造る地域を代表する者が、出雲

岡田山一号墳（島根県松江市大庭町）の前方後方墳。古墳時代後期の築造とされる

臣だった。

律令整備が進み、中央から各地に国司が派遣され、国造は姿を消していく。ところが、出雲臣は意宇の大領《たいりょう》（国内の各郡を治める郡司の最高の地位）に任命される一方で、名誉職的な出雲国造の地位も認められていく。その上で、和銅元年（七〇八）から養老五年（七二一）までの間に、出雲臣果安《いずものおみはたやす》は、意宇から出雲に転居している。杵築大社の祭祀を命じられたと考えられている。それ以前、出雲臣はもっぱら熊野大社（松江市）を祀っていた。

ちなみに、延暦《えんりゃく》十七年（七九八）になると、意宇の大領と出雲国造の兼任は禁止されてしまう。神事にことよせて公務を怠り、公共の不利になるからだという。また、九世紀半ば以降、『出雲国造神賀詞』も奏上されなくなっていく。

ところで、『出雲国風土記』は熊野大社の祭神と杵築、佐太《さだ》、野城《のき》の神々を「大神」と称えているが、その中でも出雲臣の祀る「熊野《くまの》」が筆頭格だった。

朝廷も、出雲大社よりも熊野大社を重んじていたようで、神階《しんかい》や神勲《しんくん》の授与でも、熊野大社がつねに先で、優遇されていた。九世紀半ばの時点の記録を見ても、明らかだ（『三代実録《さんだいじつろく》』貞観《じょうがん》元年［八五九］五月条、同九年四月条）。

また『令義解《りょうぎげ》』（九世紀半ばの養老令《ようろうりょう》の解釈書）は、天神と地祇を次のように区別している。天神は「伊勢、山城鴨、住吉、出雲国造が斎《いつ》く神など」で、地祇は「大神、大倭《やまと》、葛城鴨、出雲大汝神《おおなむちのかみ》の類」とある。

天神の「出雲国造が斎く神」は出雲大社の神ではない。地祇の部類に「出雲大汝神」があって、こちらが出雲大社の祭神を指している。この段階で、「出雲国造が祀っていたのは熊野大神」という認識があったことがわかる。出雲国一宮《いちのみや》は、鎌倉時代ごろまで熊野大社だったが、室町時代末には、杵築大社に移ったようだ。

ではなぜ、熊野大社なのか。そもそも、熊野大社は、だれを祀っているのか。

熊野大社が祀るのはスサノヲ？

天神に分類された熊野大神は、『出雲国風土記』意宇郡出雲神戸の条に「伊弉奈枳《いざなぎ》の麻奈古《まなご》に坐す熊野加武呂乃命《くまのかむろのみこと》」とある。イザナキの愛子の熊野加武呂乃命とは、聞き慣れないが、何者だろう。

『出雲国造神賀詞』には、「伊射奈伎《いざなぎ》乃《の》日真名子《ひのまなご》加夫呂伎《かぶろぎ》熊野大神《くまののおおかみ》櫛御気野《くしみけぬの》命《みこと》」とある。出雲の熊野大社は、祭神を熊野大神《くまののおおかみ》櫛御《くしみ》気野《けぬの》命《みこと》と伝えた。「霊妙なる御食《みけ》つ神」の意味で、別名を素戔嗚尊という。

ただし、一般に熊野大神とスサノヲを同じ神とみなすことに、慎重な意見が多い。しかし、そうだろうか。

熊野大社では、スサノヲが「檜《ひのき》の臼《うす》・卯木《うつぎ》の杵」で火を鑽《き》り出す方法を教えてくれたと伝わっている。そこで熊野大社は「日本火出初社《ひのもとひでぞめのやしろ》」と讃えられているここで神火《しんか》を起こし、火継《ひつ》ぎ（霊《ひ》継《つ》ぎ）を行なうのだという。

もちろん、このような伝承だけで、熊野大社の祭神をスサノヲに見立てようとは思っていない。『延喜式』に載る「熊野神社」は全国に散らばっていて、出雲の熊野大社を筆頭に、丹後、越中、近江、紀伊に存在している。

この分布が、無視できない。

熊野神社は瀬戸内海とヤマトを囲むように並んでいる。これはヤマト建国前後の主導権争いに敗れた地域に相当する（のちに詳述）。

もちろん、スサノヲも「敗者側のトップ」と思われる。天上界では鬼あつかいされ、出雲に舞い下りていた。それが本当の出雲の地ではなく、日本海沿岸部のどこか、具体的にはタニハと思われるが、いずれにせよ敗れた者たちの地域だ。

出雲国造家が祖神だけではなく、密かに「恨むスサノヲ」を祀っていたとしても、なんら不思議ではないし、そう考えるのが自然ではなかろうか。イザナキの子で、出雲に関わる恐ろしい神と言えば、スサノヲしか思い浮かばないのである。

『日本書紀』が悪神に仕立てたスサノヲであれば、創作された神ではなく、何らかの歴史を背負ったモデルがいて、彼の身に降りかかった悲劇を多くの人々が語り継ぎ、出雲国造がいのいちばんに祀っていた可能性は高い。

出雲大社の創祀はいつごろなのか

話が横道にそれた。ここで元に戻そう。

そもそも出雲大社の創建は、いつごろのことなのだろう。これも、確かなことはわかっていない。

『日本書紀』や『古事記』には、すでに述べたように、出雲の国譲りを契機に「宮」が建てられたと記録されるが、確定的ではない。崇神天皇と垂仁天皇の時代にも、「神の宮」と記録されるが、だからといって、創建のたしかな証拠にはならない。伊勢神宮も第十一代垂仁天皇の時代に創建されたと『日本書紀』は言うが、実際には七世紀後半から末だったことが分かってきた。出雲大社も相当時代が下る可能性がある。

『日本書紀』斉明《さいめい》天皇五年（六五九）是歳条に、次の記事が載る。

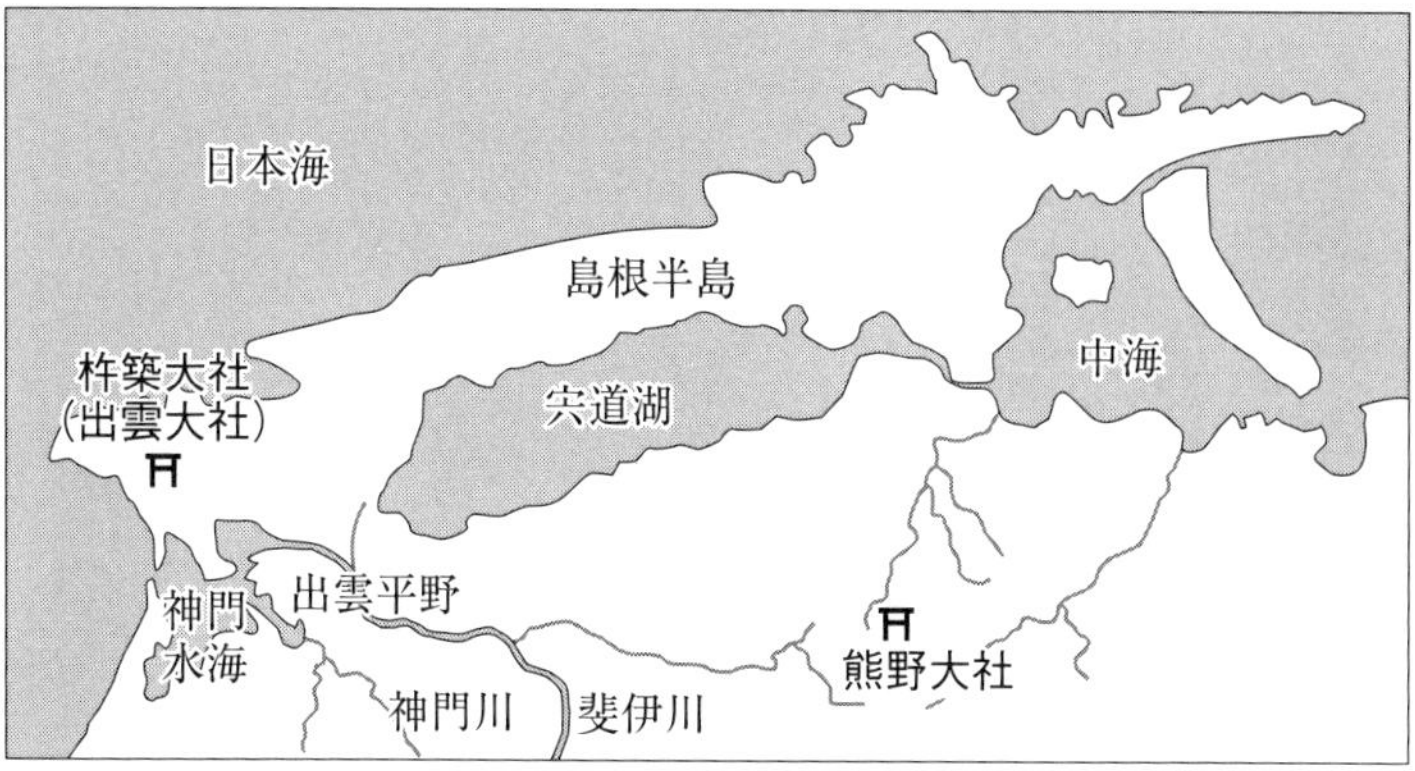

古代出雲と二大社

天皇は出雲国造に命じて、神の宮を修造させた。そのとき狐が、意宇郡の役夫のとってきた葛《かずら》（宮造りの用材）を嚙み切って逃げた。また犬が死人の腕を、言屋《いふやの》社《やしろ》（島根県松江市東出雲町の揖夜《いや》神社）のところに嚙って置いていた。これは、天子の崩御の前兆である……。

何やら不気味な記事だが、ここに登場する「神の宮」とはどこだろう。

通説は、意宇郡の熊野大社（松江市八雲町）と考える。修造《しゅうぞう》の用材を採取させられたのは意宇郡の民で、犬が死人の腕を嚙み置いた揖夜神社も意宇郡の神社だからだ。また、すでに触れたように古代においては、熊野大社が杵築大社《きづきのおおやしろ》（出雲大社）より上位だったし、長い間、出雲国の一宮は熊野大社だった。出雲国造も最初熊野大社を祀っていたが、八世紀になって出雲に移っている。

ところが、村井《むらい》康彦《やすひこ》は、この記事の「神の宮」を杵築大社だと主張する。『出雲国風土記』に、熊野大社の社は熊野山（現松江市八雲町の天狗《てんぐ》山）に鎮座するとあり、現在でも磐座がある。

村井康彦は、熊野大社の御神体をこの磐座《いわくら》と考え、建築物はなかっただろうと推理し、「修造」という言葉はふさわしくないというのだ（『出雲と大和』岩波新書）。

しかしそれなら、出雲大社にも同じ推理がなり立つ。出雲に大国主神を祀る場はあったかもしれないが、そこに社殿が建っていたとは、断定できない。神代、あるいは崇神天皇の時代から出雲に神の宮があったと『日本書紀』は言うが、決定的な証拠にはならないのである。

出雲大社の創建は、出雲臣果安が意宇の地から出雲に移った頃ではなかった。つまり、『日本書紀』編纂の前後の可能性がある。

『出雲国風土記』と『日本書紀』の神話は相容れず、『日本書紀』の場合、大己貴神が国作りに励み、高皇産霊尊がさし向けた神々によって、大己貴神は国を譲ることになるが、『出雲国風土記』には、そのような話はまったくない。

ちなみに、『出雲国風土記』が完成したのは、天平《てんぴょう》五年（七三三）二月だ。編纂の責任者は出雲臣果安の子の広嶋《ひろしま》で、出雲国造、意宇郡の大領を兼務していた。

『日本書紀』と『出雲国風土記』の差

「出雲」の国名の由来を、『日本書紀』や『古事記』は、スサノヲに求めるが、『出雲国風土記』は八束水臣津野命《やつかみずおみつののみこと》が「八雲立つ」と語ったからだといっている。『古事記』は八束水臣津野命をスサノヲの子と記録するも、活躍に関しては、よく分からない。

八束水臣津野命の別名は意美豆努《おみづぬの》命で、『古事記』に淤美豆奴神の名で登場する。スサノヲの四世の孫だという。さらに、大国主神の祖神にあたる。

但馬国一の宮の粟鹿《あわが》神社の『粟鹿大明神《だいみようじん》元記《もとつふみ》』には、八束水臣津野命ではなく、意弥都奴《おみつぬ》とある。『日本書紀』にはなぜか記録がない。

出雲の地元では名を馳せたであろう、八束水臣津野命なのに、『日本書紀』は無視した。これに対し『出雲国風土記』の側は、「出雲の国譲り神話」を省いた。あるいは、中央で構築された出雲神話を、知らなかったのかもしれない。

鳥越憲三郎《とりごえけんざぶろう》は、出雲の土着の神話が『日本書紀』に取りあげられなかったこと、一地方の国造、大領の出雲臣がそれに文句をつけられなかったと言い、意宇から出雲に移されたのは、「今後その神話を通じて自己の地位の安泰を如何に計るかが、当面の関心事」だったからだと推理する(『出雲神話の成立』創元社)。

また、なぜ出雲国造が意宇の大領という役職にありながら四〇キロメートルも離れた西側に移されたかというと、国譲り神話を裏付けるために、「稲佐の浜の近くに大国主神をまつる大社を建てる必要があった」からだと指摘した(前掲書)。

まさにそのとおりだと思う。

ちなみに、『出雲国風土記』には、「杵築の大社」と記録されていて、この文書が完成した天平五年の出雲に、大きな規模の神社が出現していた可能性を示している。

ここに至り、出雲大社がいつ建てられたのかという謎は、出雲国造家の歩みと深くかかわっていたと思えてくる。

出雲国造家は、出雲の土地の伝承とはなんらかかわりのない、中央から押しつけられた『日本書紀』の神話を（保身のため？）受け入れ、出雲大社を祀り、それが太古から伝わってきた真実であるかのように振る舞うようになったということなのだろうか。出雲大社の謎は、出雲国造家の謎でもある。

出雲国造家の謎

『出雲国風土記』には、杵築大社の祭神を記録している場面があって、その祭神を「天の下造らしし大神」と記録するが、これも、すこし妙だ。

まず、出雲郡《こおり》の御埼《みさき》山（出雲大社の北側の日御碕《ひのみさき》に至る山塊）の条に次の記事がある。その山塊の西の麓に「いわゆる天の下造らしし大神の社坐す」とある。さらに、杵築郷《さと》の条には、八束水臣津野命が国引きした後、「天の下造らしし大神の宮」を造ろうと思い、もろもろの神々が集まってきて「杵築《きづ》きたまひき（築いた）」とある。

一般に出雲郡の「天の下造らしし大神」といえば大己貴神（大国主神）と決め付けてしまいがちだが、『出雲国風土記』のあちこちに登場する「天の下造らしし大神」は、ほぼ「オオナムチ」と名も呼ばれているのに、杵築大社の段になると、ただ「天の下造らしし大神」と、ぶっきらぼうに名を呼ばないのだ。これは、妙にひっかかる。

出雲国造家にも謎がある。『日本書紀』には、出雲国造家の祖は天穂日命で、高皇産霊尊が真っ先に出雲に送り込むも、出雲に同化してしまい、三年間復命してこなかったと記されている。そこで次に、天稚彦が送り込まれた。ただ、天稚彦も役に立たず、最後の最後に経津主神と武甕槌神が出雲に派遣され、国譲りはようやく成し遂げられたわけだ。

そうなると、天穂日命は、ヤマト政権から見て裏切り者ということになり、なぜ出雲の国譲りののち、出雲国造に任命されたのだろう。ちなみに、『出雲国風土記』には、出雲国造の祖の天《あめ》乃《の》夫《ふ》比命《ひのみこと》(天穂日命)は、一度しか登場しない。このあたりは注意を要する。不自然ではないか。

『国造本紀《こくぞうほんぎ》』(『先代旧事本紀《せんだいくじほんぎ》』)に、出雲国造は崇神天皇の時代に天穂日命の十一世の孫が任命されたとあり、『新撰姓氏録《しんせんしょうじろく》』には、天穂日命の十二世の孫が出雲国造になったとある。これらを信じれば、ヤマト建国直後(崇神天皇の時代)に出雲国造が誕生していたことになるが、「国造という制度」はそれほど古い制度ではない。実際には六世紀に整ったのではないかと考えられている。

一方、『日本書紀』は、天穂日命が天から持ち来たった神宝を出雲の地で出雲国造家の祖が祀っていたと記録している。これは崇神天皇の時代で、やはり、ヤマト建国時の話だ。神話時代の直後から、出雲国造家の祖は出雲でトップに立っていたと『日本書紀』は記録している。この時代設定をどこまで信じて良いのだろう。

また、天穂日命の裏切りがあったから、ヤマト建国直後に、崇神天皇は出雲の神宝を奪おうとしたと『日本書紀』は言いたいのだが、命令を実行できず裏切った神の末裔を、なぜ出雲国の主に据えたのか。話はやはり矛盾するのである。

天穂日命の子、天夷鳥命の謎

出雲国造の代が入れ替わるたびに、新たな国造は一年間の潔斎《けっさい》ののち国司に率いられ都に出向き、神宝を献上し、『出雲国造神賀詞』を奏上する。天皇の長寿と治政の安泰を祝福し、熊野大社、杵築大社など、出雲の神々を奉斎することを報告するのだ。天穂日命が国譲りを実現させ、大国主神が皇孫の守神として杵築大社に鎮まったこと、天穂日命の末裔が大国主神を祀り続けることを確認する作業でもある。

その『出雲国造神賀詞』には、『日本書紀』とは異なることが記されていて、天穂日命（天穂比命《あめのほひのみこと》）は出雲に同化してしまったのではなく、天上界から遣わされ視察したあと、子の天夷鳥命《あめひなとりのみこと》に布都努志命《ふつぬしのみこと》（経津主神）を副えて、荒ぶる神どもを平定させたこと、国作らしし大神＝大国主神は媚び、そうして出雲を支配したことを記録する。

『出雲国造神賀詞』と『日本書紀』には、相違点がある。

その第一は、経津主神と武甕槌神のコンビが出雲の国譲りを成し遂げたと『日本書紀』は言うが、『出雲国造神賀詞』は天穂日命の子の天夷鳥命が、武甕槌神と入れ替わっている。ここは、無視できない。

さらに第二の相違点は、出雲国造家の祖が出雲に同化したのではなく、子が出雲を成敗したと言っていることだ。出雲に同化した者が出雲の国造に任命されたと言う『日本書紀』の記事と照らし合わせれば、こちらの方に整合性を見出せる。

ここで注目しておきたいのは、第一の相違点だ。『日本書紀』は経津主神と武甕槌神をコンビにしているが、『出雲国造神賀詞』は、天穂日命の子の天夷鳥に経津主神を副えて、出雲に向かわせたという。なぜここで武甕槌神が天夷鳥に入れ替わったのだろう。経津主神は物部系（これは通説どおり）なのだが、他の拙著の中でくり返し述べてきたように、筆者は武甕槌神を東海の尾張系とみなしている。また、出雲国造も東海系と推理する。そうなると、武甕槌神と出雲国造が重なって見える。

『日本書紀』は弥生時代後期の日本列島で起きていた事件を出雲に閉じ込めてしまったと言ってきたが、のちに触れるように、ヤマト建国の最初期にもっとも活躍したのは東海地方だった。ところが『日本書紀』は、東海地方を、ほぼ無視してしまった。そして、「東海出身」と分からないように、東海系の神々を神話に織り込んでいる。武甕槌神も、そのひとりだと思う。

『古事記』の神話に、次の記事がある。

イザナミは火之迦具土神《ほのかぐつちのかみ》（迦具土神）を産んだとき、ホト（女陰）を焼かれて亡くなってしまった。夫のイザナキは十掬《とつか》の剣を抜き、迦具土神の頸を切り落とした。すると多くの神が生まれ、その中の一柱が、建御雷之男神《たけみかづちのおのかみ》（武甕槌神）だった。

イザナミから生まれた迦具土神が建御雷之男神の父親で、名の「迦具土」がポイントとなる。尾張氏の祖は「天香語《あめのかご》（具）山命《やまのみこと》」だから、「カグ」でつながる。迦具土神を切った十掬の剣の名は「天之尾羽張《あめのおはばり》」だが、「伊都之尾羽張《いつのおはばり》」の別名を持つ。ここで武甕槌神と「尾張」がつながっている。

三世紀後半から四世紀にかけて箸墓古墳が出現すると、日本各地に前方後円墳が伝播していくが、それ以前は、東の前方後方墳、西の（瀬戸内海を中心に）前方後円墳に分かれていた。前方後方墳は近江で生まれ、東海勢力が、各地に広めていったようだ。出雲国造家が前方後方墳にこだわったのも、彼らが東海系だったからではあるまいか。

ただし、武甕槌神は藤原系の神とする説も根強いものがある。しかし、これは間違いだ。

藤原（中臣）氏のために編纂された『日本書紀』の中で、中臣氏の祖神は「天児屋命」と明記している。『日本書紀』編纂後、藤原氏は強大な権力を握って、自家の祖神が天児屋命のレベルでは飽き足らず、鹿島神宮《かじま》（茨城県鹿嶋市《かしま》）で祀られていた武甕槌神を、無理矢理春日大社《かすがたいしゃ》（奈良市）や枚岡神社《ひらおか》（東大阪市）に勧請してしまったのだ。

中臣（藤原）鎌足はもともと鹿島神宮の神官で、都に上って出世したという話も、のちの時代のでっち上げだ。武甕槌神は、東海系の神であろう。

出雲国造家と東海のつながりは、このあとも証明していくが、この『出雲国造神賀詞』のさり気ない主張の中に、国造家と武甕槌神の接点を見る思いがするのである。

出雲国造は天穂日命で大国主神でもある

それにしても、なぜ東海系の出雲臣が日本海の出雲の神を祀る必要があったのだろう。

その理由はこのあと、謎解きをしていくが、本来は熊野大社の神を祀っていた出雲臣が、半ば無理矢理？西側に移され、杵築大社の神に対峙するようになったわけで、それは出雲臣にとっても不本意な話だったのではあるまいか。

藤原氏は歴史改竄のために「出雲神話」をでっちあげ、そのまま出雲の地で再現し、神秘的な神の国を構築しようともがいたのではなかったか。

そのせいだろうか、出雲国造家の神事には、普通では考えられないような、謎が隠されている。

たとえば火継ぎの神事だ。

杵築（出雲大社）に奉仕してきた出雲国造が重篤な状態になると、意宇《おう》の神魂《かもす》神社に使者が送られる。「神火相続《おひつぎ》」の準備を始めるためだ。

杵築では、国造が亡くなっても秘匿する。それどころか、国造の衣冠を整え、座らせて食膳が供される。出雲国造は死なないからだ。

ちなみに、この「死んだのに生きているように見せかけた」という話、覚えておいてほしい。

歴史上の別の人物も、まったくそっくりなことをされているからだ。

それはともかく、このあと嫡子は、神聖な「火」を継承する。「神火」を継ぐから「火継ぎ」

鑽火祭の舞台となる熊野大社・鑽火殿。鑽火祭は毎年10月15日に行なわれる

と呼ぶ。この「火」は「霊《ひ》」で、国造の祖神の御魂を引き継ぐのだ。その準備のために、嫡子は国造が亡くなると「裏門」から飛びだし、直線距離にして約四〇キロメートルの道のりを不眠不休でひたすら行軍する。

意宇にもどった嫡子は、代々伝わる「火《ひ》鑽《きり》臼《うす》」と「火《ひ》燧杵《きりきね》」を持ち出し、熊野大社の鑽火《さんか》殿《でん》で火をおこす。これが「神火」「別火」で、国造館内の斎《お》火殿《ひどころ》に運ばれ、国造が亡くなるまで灯され続ける。国造は、この神火を用いて調理したもの（斎食《さいしょく》）以外は口にできない（現在ではさすがにこの風習は消えたらしいが）。また、この斎食を口にして、初めて嫡子は新たな国造となる。

第八十代出雲国造の千家《せんげ》尊統《たかむね》は、「神火」は出雲国造家の祖の天穂日命の霊であり、出雲国造は「神火（天穂日命の霊）」を継承することで、天穂日命になるという。出雲大社を祀るのは、天穂日命でなければならないからだ。また、天穂日命は大国主神（大己貴神）を祀り、大国主神そのものになるという。そして、国造は死んでも天穂日命の霊は継承されるのだから、国造は死んでいないと信じられた。また、亡骸は赤い牛の背に乗せて運び出され、出雲大社の東南側の菱《ひし》根《ね》池に沈められた（千家尊統『出雲大社』学生社）。

このように出雲国造は「火継ぎ」をするが、天皇は「日継ぎ」をして太陽神アマテラスの孫のニニギの霊を継承する。「火」と「日」は、甲乙の発音の差があったが、千家尊統は、「火」や「日」は「霊」だから、同根だと主張する。天皇は大嘗祭《だいじょうさい》で神に食事を捧げ、自らもこれを食する（共《きょう》食《しょく》）ことで、神の霊を継承し王としての資格を得るが、出雲国造も、神火で調理して神に捧げた神聖な食事をとることで、国造となるのである。

身逃神事も不思議な祭り

なぜ出雲国造が、大国主神を祀る天穂日命の霊魂を継承し、大国主神そのものにならなければならなかったのだろう。それでいて、出雲国造が行なう「身逃《みにげ》の神事」では、出雲国造は大国主神に随伴する振りをして隠れている。これはいったいなんだろう。

明治以前、旧暦七月四日の深夜、身逃の神事が、翌日、爪剝祭が行われていた。現在では、八月十四日に身逃の神事、翌日爪剝《つまむぎ》祭が執り行われる。

出雲の国譲りの舞台となった稲佐の浜に、大国主神をお迎えする祭りだ。出雲の国譲りの直後、

出雲大社から西へ１キロ、国譲りの舞台となった稲佐の浜。写真中央は弁天島

天神が神を遣わし、大国主神を饗応したという。それを再現する祭りとされている。

祭りは次のように進行していく。

八月十日の朝、禰宜《ねぎ》（出雲国造ではないが、祭りの主役級の働きをする）は斎館《さいかん》に籠もり、神聖な火で調理した食事をする。十一日夕方から禰宜は稲佐《いなさ》の浜に出向き、海水に浸かって身を清め、斎館に戻って潔斎する。十三日には、「道見」をする。翌日の神幸の下見と予行をするわけだ。

いよいよ八月十四日の夜、出雲大社境内の門という門が開かれる。午前一時、禰宜（出雲国造ではない）は狩衣《かりぎぬ》を着て、右手に青竹の杖、左手に真菰《まこも》の苞《しぼ》と火縄筒を持ち、素足に足半草《あしなかぞう》履《り》という姿で大社本殿に祝詞《のりと》をあげ、神幸《しんこう》の儀に入る。神幸の供奉をするのは禰宜だが、禰宜は大国主神でもある。

前夜下見したとおりに稲佐の浜に向かい、塩《しお》搔島《かきしま》で塩を搔き、出雲国造館で大社本殿に向けて設けられた祭場に拝し、本殿に帰り再拝拍手する。これで禰宜は斎館に戻る。

この神幸にはタブーがあって、神幸の途中、誰かと出会ったら、「穢れた」ということで、振り出しに戻ってやり直す。だからこの晩、町内の人びとは固く門戸を閉ざし、外出を避ける。なぜ、せっかくの祭りを、人びとは見ることができないのだろう。

そしてもうひとつ問題がある。それは、この晩出雲国造は、神幸が始まる前に国造館を出て、一族の家に泊まり身を潜める。だから、「身逃《みにげ》の神事」と言うのだ。

これまで述べてきたように、出雲国造は天穂日命の霊を継承する。そして天穂日命は大国主神を祀り、天穂日命と出雲国造は大国主神そのものになる。それにもかかわらず、なぜ「出雲の国譲り」を再現する祭りの中で、大国主神は稲佐の浜で饗応され、出雲国造は身を隠すのか。

やはり、出雲には大きな謎が隠されている。出雲で、何が起きていたのだろうか。あるいは、他の場所に起きた事件なのに、出雲で起きていたことにして、出雲国造はその『日本書紀』や八世紀の朝廷が創作した神話の世界に、無理矢理巻き込まれてしまったのだろうか。

ひとつずつ、謎を解いていこう。

第二章　ヤマト建国と出雲の歴史

何もないと思われていた出雲から大量の青銅器がみつかった

長い間「出雲」は『日本書紀』や『古事記』、『出雲国風土記《いずものくにのふどき》』の文献を元に論じられてきたが、昭和五十九年（一九八四）七月に荒神谷《こうじんだに》遺跡（島根県出雲市斐川《ひかわ》町）が発見されて、考古学が重要視されるようになった。それまでの常識は、ことごとく通用しなくなってしまったのだ。大量の青銅器《せいどうき》が発見され、絵空事と思われていた「出雲」に、巨大勢力が実在した可能性が高まったのだ。

きっかけは、農道建設予定地の発掘調査だった。

試掘のための溝（トレンチ）を20箇所設けると、水田の部分から須恵器《すえき》が、水田の北側の標高二八メートルの尾根の傾斜面から、青銅器の破片がみつかった。さらに調査を進めていくと、銅《どう》剣《けん》が出土した。

青銅器の文化圏の中心は北部九州と畿内の二つと信じられていた時代で、実際出雲から青銅器はほとんどみつかっていなかったのだ。ところが、調査を進めてみると想定外の数の青銅器が出

大量の銅鐸、銅矛、銅剣が出土した荒神谷遺跡（島根県出雲市斐川町）

土した。

まず銅剣が整然と並べられていた。二段のテラス状の下段部から、四列に並べられ、計三五八本の銅剣が発見された。それまでに全国の遺跡から発掘された銅剣の総数が三百本あまりだったから、みな腰を抜かしたのだ。世紀の大発見である。

銅剣は弥生時代中期末（一世紀前半）に造られた中細形Cという形式で、中国地方の日本海側、出雲を中心とする山陰地方に特有の青銅器だった。

翌年の第二次調査によって、銅剣がみつかった斜面右手から、銅矛《どうほこ》一六本、銅鐸《どうたく》六個が出現した。この発見も無視できなかった。と言うのも、それまで、銅矛と銅鐸の文化圏ははっきりと分かれると信じられていて、銅剣と銅矛が同じ遺跡から出土することはなかったからである。

ちなみに、『出雲国風土記』大原郡《おおはらのこおり》神原郷《かむはらのさと》の段には、「天《あめ》の下造《したつく》らしし大神《おおかみ》の御財《みたから》を積み置き給《たま》ひし処《ところ》なり」と記されていた。大己貴神《おおあなむちのかみ》の神宝を祀り、積み上げていたというのだ。この伝承が、荒神谷遺跡の発見によって、裏付けられた形になった。

さらに、平成八年（一九九六）には、荒神谷遺跡の東南三キロの地点で、農道建設現場で、ショベルカーが青い物体をすくい上げた。洗ってみると、それが銅鐸だった。工事は中断され、発掘調査が始まり、多くの青銅器が出土した。加茂岩倉《かもいわくら》遺跡（島根県雲南《うんなん》市加茂町）の出現だ。

最終的に、銅鐸が三九個（約四五センチのものが二〇個、約三〇センチのものが一九個）みつかった。銅鐸の中に小さな銅鐸を入れた「入れ子」もみつかっている。

それまでにひとつの遺跡からみつかった銅鐸は二四個が最高だったから、こちらも、常識はずれの遺跡だった。旧国別に観ると、出土総数のトップが近江国の四一個が一位だった。それに、摂津国《せっつのくに》、遠江《とおとうみ》、三河《みかわ》、大和《やまと》、河内《かわち》、和泉《いずみ》とつづく。銅鐸文化圏は近畿から東海にかけてと信じられていたから、これも驚きの発見になったのだ。

北部九州を中心とする銅矛・銅剣文化圏と、畿内を中心とする銅鐸文化圏のちょうど境界線上にある出雲から、想像を絶する大量の青銅器がみつかったわけだ。

出雲に強い王が出現していた

荒神谷遺跡と加茂岩倉遺跡でみつかった青銅器のうち、加茂岩倉の銅鐸は畿内で造られ、荒神

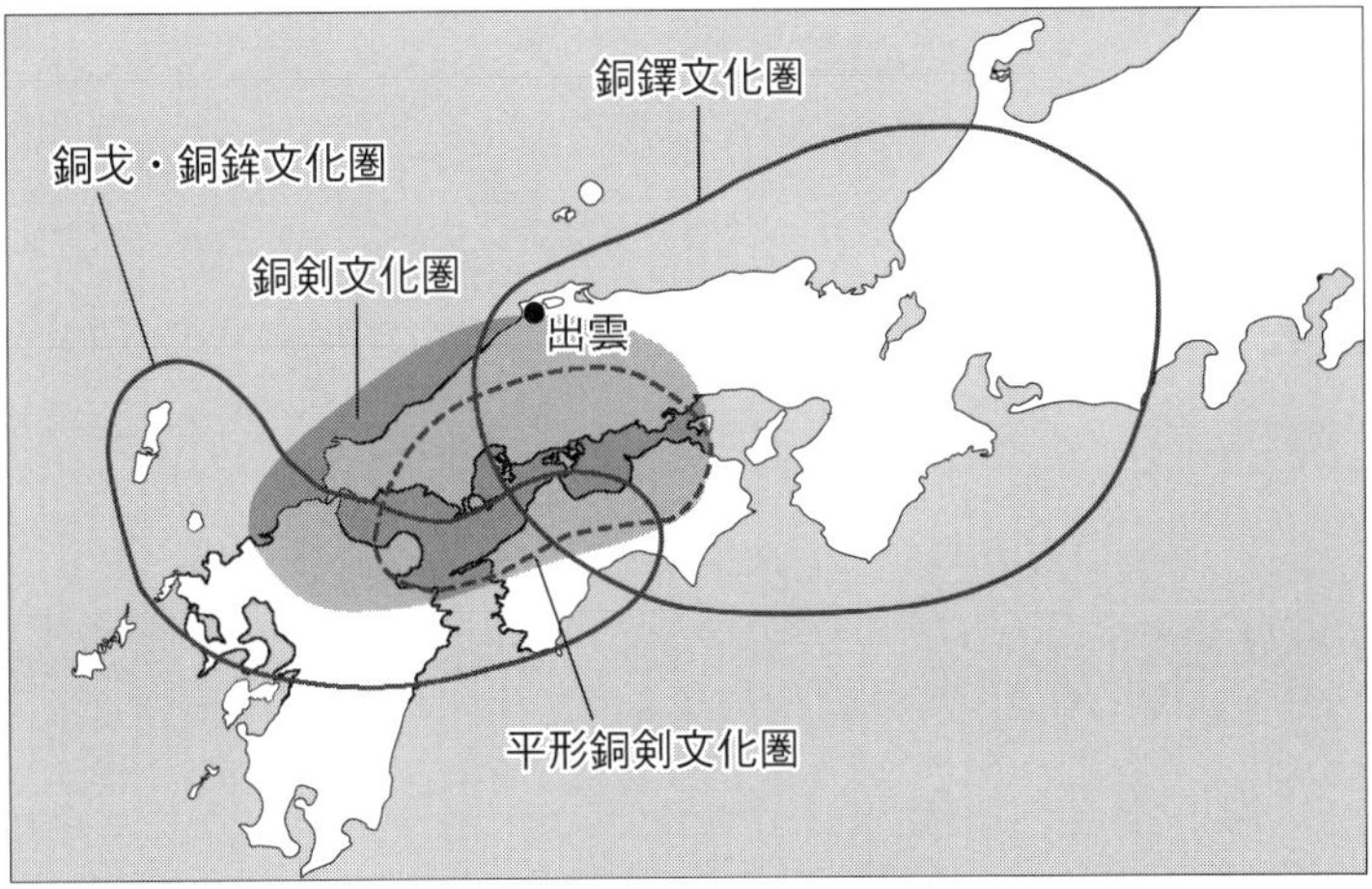

出雲と青銅器文化圏の分布図

『図説ここが知りたかった！伊勢神宮と出雲大社』（青春出版社）を参考に作成

谷の銅矛は北部九州で造られていたことが分かった。そして、荒神谷の銅剣は、出雲で造られていた。

なぜ、出雲に大量の青銅器が埋められていたのだろう。これだけの規模の埋納の例は、他にない。また、時期が古い。他の地域では、このあと青銅器が埋納されていく。

北部九州と畿内のそれぞれの勢力が、出雲で「境界の祭祀」を行っていたとする説もあったが、今は否定されている。

青銅器の数が、『出雲国風土記』に記された地域の神社の数とほぼ重なると指摘され、地域（集落）ごとで行なわれていた祭祀を束ねる何かしらの動きが起きていた可能性が高まった。

つまり、弥生時代後期初頭の出雲が富み栄え、強い王が出現していたと考えられるようになった。青銅器の埋納と同時に、巨大で個性的な四《よ》隅突出《すみとつしゅつ》型墳丘墓《がたふんきゅうぼ》が造営されていくのだ。地域ごとの祭祀を統一し、古い時代の青銅器は、土の中に丁寧に埋められたのだろう。

四隅突出型墳丘墓は弥生時代中期後葉に誕生し、後期に山陰地方で盛行し、越《こし》に伝播している。一辺四〇メートルを越えるものもあり、斜面に貼石《はりいし》をともなうことが多い。前述したように、この貼石が、ヤマトに伝わり、前方後円墳の葺石《ふきいし》になったのではないかと考えられている。

出雲市大津町の西谷墳墓群《にしだにふんぼぐん》の西谷三号墳が、代表的な四隅突出型墳丘墓だ。弥生時代後期後葉（二世紀後半）の墓だ。高さは四、五メートルと、威風堂々とした佇まいだ。

墳頂部に、遺体を埋めた坑がふたつあり、大量の土器が出土した。それが供献土器《きょうけんどき》群（死者の埋葬の儀式に使われた）で、土器の三分の二が山陰系だ。残りは吉備《きび》（岡山県）の楯築《たてつき》墳丘墓から出土したものと同じ形式の特殊器台だったことは興味深い。ヤマト建国の直前、一時的だが、出雲と吉備が手を組んでいたことがわかる。また、丹後地方と北陸の土器も含まれていた。

副葬品も豪華で、埋葬施設に大量の朱が敷かれ、鉄製の短剣、ガラス製の管玉《くだたま》のネックレスが副葬されていた。別の棺には、ガラス製のコバルトブルーの「異形勾玉《いけいまがたま》」を筆頭に、大量の玉類（ガラス、碧玉《へきぎょく》製）二百個が出土した。王の妃の物と思われる。

墳頂部に四本の巨大な木柱（直径三〇～四〇センチ）の跡がみつかっている。構造物を造り、儀式を行ったようだ。

考古学が歴史を覆した

西谷墳墓群の四隅突出型墳丘墓（島根県出雲市大津町）

西谷三号墳の主が出雲に君臨していた時代こそ、出雲の黄金時代だった。出雲の東側の地域にも、同じように巨大な四隅突出型墳丘墓が出現していたが、特に西側の発展を促したのは、北部九州や朝鮮半島との交渉に際し、玄関口になっていたからだろう。

この時代、斐伊《ひい》川は、宍道《しんじ》湖ではなく西側の日本海に流れこんでいて、日本海に面した天然の良港・ラグーン（潟湖《せきこ》）である「神門《かんど》の水海《みずうみ》」が備わっていたことが、大きな意味を持っていただろう。その一帯を見下ろす高台に、西谷墳墓群は造られた。

これら荒神谷遺跡・加茂岩倉遺跡や四隅突出型墳丘墓など出雲の考古学の進展は、それまでの出雲に対する考え方を一変させた。

たとえば、かつて哲学者の梅原猛《うめはらたけし》は、出雲の神々は、天皇の祖神の反対概念として創作され、都から見て穢《けが》れた方角（西）に、流竄《るざん》させられたのだと推理していた（『神々の流竄』集英社文庫）。荒神谷遺跡や加茂岩倉遺跡発見後も、しばらく自説を変えなかったが、晩年にいたり、ようやく誤りを認めている（『葬られた王朝』新潮文庫）。

梅原猛だけではない。考古学が未発達のころに学説を固めた多くの学者の悲劇でもあった。今だからこそすっかり多くの事実が見えてきたのであって、われわれが昔の学説を非難することはできない。「大御所」でありながら、誤りを認めたことを、むしろ称えるべきだろう。

また、戦後の史学界を覆っていたのは、「戦前、戦中の皇国史観《こうこく》への反発と脱却」であり、神話そのものが天皇家の正統性を謳い上げるためのプロパガンダと目されていた。だから、神話全体が、まともに歴史として扱われることはなく、出雲神話も素直に評価されなかった。梅原猛が述べるように、出雲神は観念上の天皇家の敵とみなされていたにすぎない。

また、考古学は現実の開発事業によってはじめられるから、山陰地方は後回しになり、余計「古代の出雲に神話に見合うだけの勢力があるはずがない」と、考えられてきたのだ。出雲は、世界中の神話と比較する文化人類学や、民俗学の世界で扱われることも、しばしばだった。

しかし、二つの遺跡の出現や四隅突出型墳丘墓にまつわる知見によって、出雲が弥生時代後期に勃興していたことが分かってきたのだ。考古学の発見が、それまでの出雲にまつわる常識を覆してしまった。

巨大神殿の痕跡を発見

出雲の考古学は、さらに進展している。中世の出雲大社が巨大建造物だった証拠がみつかった。それが、出雲大社《いずものおおやしろ》境内《けいだい》遺跡の巨大な木柱・宇豆柱《うづばしら》と心御柱《しんのみはしら》である。平成十二年（二〇〇〇）四月に地下室工事に先立って行われた発掘調査で発見された。

炭素14年代法によって、鎌倉時代の初期、西暦一二三〇年頃に伐採された杉と判明した。文書と照らし合わせると、宝治二年（一二四八）に造営された本殿であったことが分かった。十八世紀半ばに建立された現存の本殿の御先祖様だ。

宇豆柱は、三本の木柱が鉄の輪っか（帯状金具）で束ねられ、また周囲にベンガラの「朱色」が塗られていた。

問題は、その大きさ、太さだ。

現存する東大寺大仏殿の木柱の太さは約一メートル強だが、出雲大社の怪物木柱は、やや楕円形で、長径一・三五メートル、短径一・一メートル。これを三本束ねているのだから、いかに太いかは、容易に想像がつく。「千木が雲を突く」と表現されたかつての杵築大社の姿が、目に浮かぶようだ。

三本の柱を束ねるという、誰もが想像できなかった建造物だが、出雲国造家（千家氏）の文書の中に、しっかりと記録されていた。それが『金輪御造営差図《かなわのごぞうえいさしず》』で、発掘して判明した柱の配置そのままの設計図が残されていたのだった。書名の中にある「金輪」は、宇豆柱を束ねた帯状金具を指していて、まさに、古い伝承が正しかったことが明らかになったわけである。

ただしこの設計図そのものが、あまりにも現実離れしていたから、だれにも相手にされてこなかったのだ。たまたま巨大木柱がみつかって、出雲大社が現在の建物よりも大きかった可能性が高くなった。出雲大社は、巨大だったのだ。

現在の本殿は、江戸時代の延享《えんきょう》元年（一七四四）の造営で、高さは二四メートル（八丈）だ。伊勢神宮を遥かにしのぐ大きさを誇っているが、出雲国造家には、「もっと大きかった」と伝わっている。往古の出雲大社の本殿の高さは現存本殿の四倍の三二丈、中古は一六丈もあったという、その後八丈になった、というのである。百メートル近い社殿が、実際に存在したのだろうか。社殿が理由もなく倒壊したという記録もあるし、例の宇豆柱や心御柱から逆算すると、相当な高さだったことは間違いない。

そして、これら考古学の物証が、史学者の出雲を見る目を変えていったし、かつての常識は、ことごとく通用しなくなってしまったことを、人びとに知らしめたのだ。

このように、「出雲」は以前にも増して存在感を増していて（なにしろ弥生時代の大量の青銅器が出土して、巨大な杵築大社の遺構もみつかっているのだから）、「出雲で何が起きていたのか」に、多くの史学者が関心を寄せている。もちろん喜ばしいことだが、注意すべき点もある。「本当は出雲で起きた事件ではないかもしれない説話」にもかかわらず、安易にのめり込み、『日本書紀』の神話が導いた「出雲で色々なことが起きていましたよ」という罠に、ふたたびはまっ

出雲大社本殿向かいにある古代出雲の心御柱（実物大模型）

出雲大社境内にある宇豆柱の出土地点を示す印

てしまったのではないかと思えてくるのである。

たとえば前田《まえだ》晴人《はると》は、次のように述べている。

『古事記』『日本書紀』の出雲神話の主要なテーマは、ヤマト王権の手で構想された出雲国の服属の経緯を記した物語という性質をおびている（『古代出雲』吉川弘文館）。

それはそうかもしれないが、そう見せかけて、出雲以外の土地で起きていた事件を、出雲に封じこめたという視点を忘れてしまってはこまる。

出雲を知るためのヤマト建国の考古学

『日本書紀』編者が弥生時代後期の日本列島で起きていた事件を神話化し、出雲と日向に閉じ込めてしまったとしても、近年ヤマト建国の詳細ないきさつを考古学が突きとめてしまったのだから、その知見を活用して、出雲神話をヤマト建国にからめて見つめ直すことが可能になってきた。

そして、ヤマト建国の考古学から分かってきたのは、「ヤマト建国の時代の現実の出雲」は、神話に見合うほどの活躍をしていたわけではなかった、と言うことなのだ。

さらに、ここで強調しておきたいのは、『日本書紀』が言う「出雲の神」は、本当に出雲出身で出雲の地で活躍していたわけではないようだ。ほとんどの神が、出雲神ではなく、あるいは出雲の外から出雲にやってきた神と考えた方が正確だと思う。

すでに触れたように、ヤマト黎明期の王家は、なぜか出雲神の縁者を妃に迎えいれていたし、出雲神の祟りに王家は震え上がっていたが、それらがすべて「本物の出雲」かというと、これもじつに怪しい。『日本書紀』編者の仕掛けた罠に、まんまとはまるのも悔しいではないか。「ニセの出雲」と「本物の出雲」を見極めるためにも、ここでヤマト建国の考古学のあらましだけでも紹介しておきたい。

さて、弥生時代後期にもっとも栄えていたのは北部九州だ。朝鮮半島にもっとも近く、壱岐島《いき》（長崎県壱岐市）・対馬島《つしま》（長崎県対馬市）の止まり木を活用して交易を行い、大量の鉄を手に入れていた。そして、その北部九州は出雲と手をつなぎ、貴重な文明の利器＝鉄器を送り込んで味方につけた。こうして出雲は、急速に力をつけたようだ。だから、四隅突出型墳丘墓を造営する王が出現した。

出雲は瀬戸内海勢力の吉備にも鉄器を流したようだ。北部九州は鉄器を独占することなく、出雲と吉備に流すことで、同盟関係を強化しようとした気配がある。

弥生時代後期の文化圏は、北部九州の銅鉾文化圏、近畿地方から東海地方にかけての銅鐸文化圏、出雲の四隅突出型墳丘墓文化圏、吉備の特殊器台文化圏に分かれていた。北部九州が恐れていたのは、意外にも近畿地方から東側の地域で、だからこそ、鉄器を東に流すまいと、出雲と吉備を同盟に引きずり込んだ可能性が高い。

北部九州は富み栄えたが、地政学的な弱点を抱えていた。大分県日田《ひた》市の盆地を東側の勢力に奪われたら、立ちゆかなくなる。そしてもうひとつ、富を蓄えて東側を支配しようと思っても、ヤマト盆地が天然の要害で、攻め落とすことが容易ではなかった。

紀元前十世紀後半に北部九州に稲作技術が流入し、関東に伝わるまで数百年の年月を要しているが、途中でいくつもの壁があったようなのだ。その中でも奈良盆地はひとつの要で、稲作が東《とう》漸《ぜん》してきたとき、橿原《かしはら》遺跡（奈良県橿原市）に土偶が急増し、縄文的な文化を守っていた人々が、西に向かって「稲作をはね返す呪術」を執り行っていた。

考古学者は奈良盆地を「西に突き出た東」とみなしはじめているが、盆地の西側に一列に並ぶ葛城山《かつらぎさん》と生駒《いこま》山が、天然の城壁を形成していて、西側からやってくる人間と文化を、遮断する役目を担っていたのだ。

淡路島と瀬戸内海の重要性

もし仮に、奈良盆地に東側の勢力が集結すれば、北部九州は独立を保てるのか……。北部九州は重要な交易の道を支配して富を蓄えていたが、当然他の地域は、黙って指をくわえてみているはずがなかっただろう。

だから、北部九州勢力は、大きな戦略を立てたようだ。出雲と吉備を味方に引きずり込むだけではなく、淡路島までテリトリーに組みこもうとした気配がある。

淡路島がいかに重要なのか、現代人にはわかりにくい。鍵を握っていたのは、瀬戸内海だ。

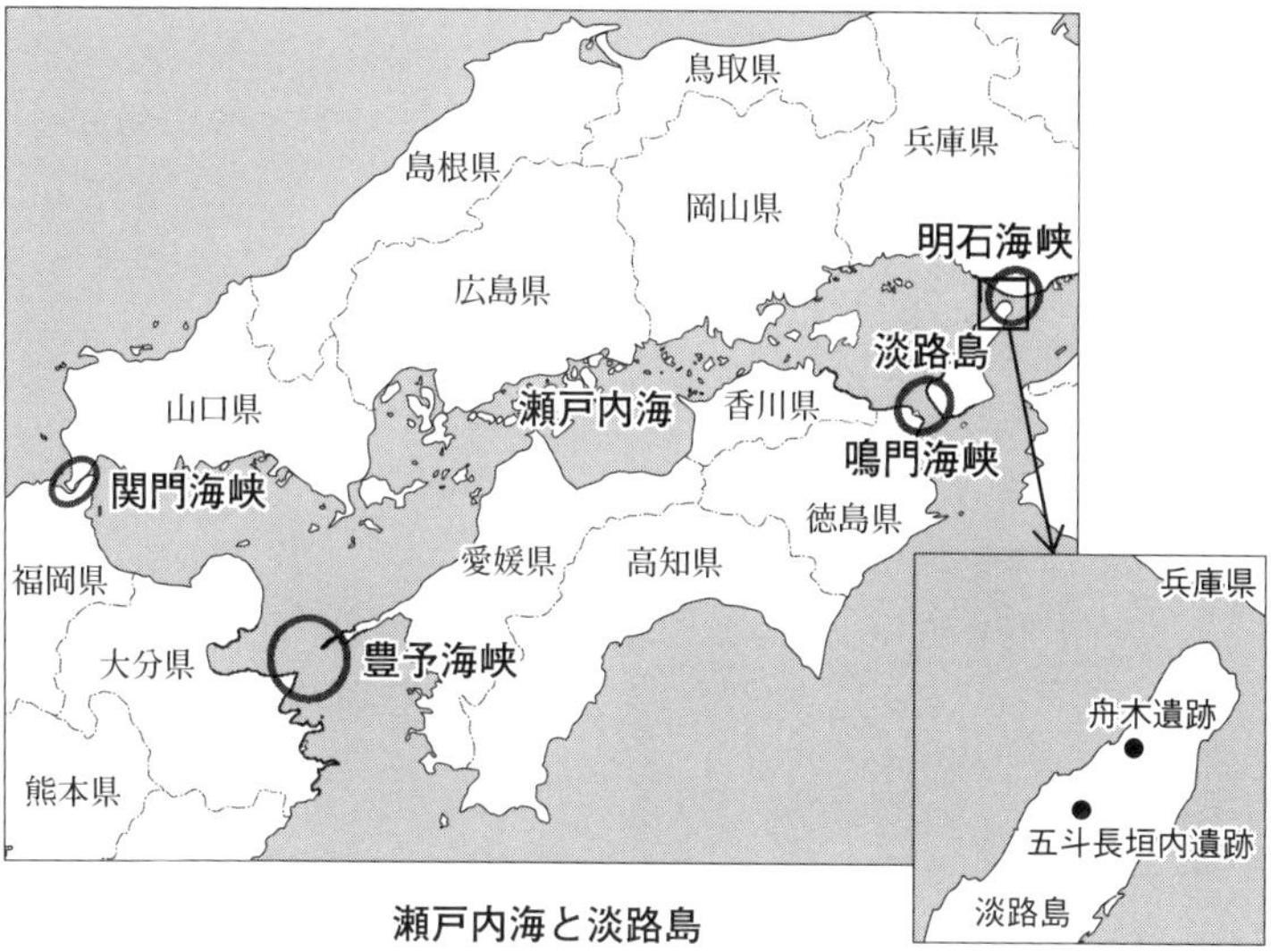

瀬戸内海と淡路島

瀬戸内海は多島海《たとうかい》の内海で、しかも四つの外海への出口が狭い。その中でも豊予《ほうよ》海峡が一番広いが、関門《かんもん》海峡、鳴門《なると》海峡、明石《あかし》海峡は、とびっきり狭い。潮の満ち引きは、狭い海峡を通るとき、ポンプから押し出されたように、強い海流を生み出す。しかも多島海が、さらにその潮の流れを速くする。瀬戸内海は潮の満ち引きと流れを熟知していないと容易には往き来できないが、地元の海人《あま》は自在に、しかも、労力なく潮に乗り、航海していた。だから、ここを東西を結ぶ航路に仕立て上げれば、流通の大動脈が出現する。逆に、狭い海峡を封鎖してしまえば、航路は死に体となる。

　奈良盆地の息を止めるには、ヤマトと瀬戸内海を区切る明石海峡と鳴門海峡の制海権を奪えば良い。だから北部九州は、淡路島（鳴門海峡と明石海峡を支配できる土地）を重視し、鉄を流したのではなるまいか。そこで淡路島に注目しておきたい。

平成二十七年（二〇一五）四月、南あわじ市の石材加工工場の砂置き場で、偶然銅鐸（松帆《まつほ》銅鐸）が七個みつかった。炭素14年代法で調べたところ、紀元前四〜同二世紀のものと分かった。古いタイプの銅鐸だ。

注目したいのは、同じ鋳型で造られた「兄弟銅鐸」が、出雲の加茂岩倉遺跡と荒神谷遺跡でみつかっていたことだ。淡路島と出雲の間に、古くから交流があったことがわかる。

そして淡路島で、弥生時代後期の鉄器工房が、複数みつかっている。五斗長垣内《ごっさかいと》遺跡（淡路市黒谷《くろだに》）と舟木《ふなき》遺跡（淡路市舟木）が有名だ。

舟木遺跡は平成二十七年（二〇一五）に、淡路市の「国生み研究プロジェクト」によって発掘が始まった。二世紀半ばから三世紀初めにかけて（弥生時代後期）の鉄器工房跡で、邪馬台国の時代と重なるため、話題に上ったのだ。遺跡の広さは四〇ヘクタールだが、まだ発掘は一部でしかない。それでも、二〇棟の竪穴建物跡がみつかっていて、鉄器や鉄片約一七〇点が出土した。

この舟木遺跡から南西六キロの場所にある五斗長垣内遺跡は、平成十六年（二〇〇四）に巨大台風が襲来し、災害復旧の過程で、発見された。南北約五〇メートル、東西約五〇〇メートルの大きさだ。竪穴建物跡が二三棟出現し、鉄器工房と思われる建物跡は十二存在した。

みつかった鉄器は一三〇点、石製工具類が多数みつかった。弥生時代後期の一世紀ごろに一五〇年間続いた鍛冶工房と分かった。

三輪山の北西麓一帯にある纒向遺跡、中心地の辻地区。近くに箸墓古墳がある

邪馬台国畿内論者が喜んだ淡路島の鉄

この淡路島の鉄器工房の発見は、邪馬台国畿内論者を勇気づけた。近畿地方にも、鉄が豊富に存在したのではないかと、色めき立ったのだ。どういうことか、説明しよう。

かつてヤマト建国は朝鮮半島から強い王が北部九州に押し寄せ、東に向かい、ヤマトを制圧したと漠然と考えられていた。江上波夫の騎馬民族日本征服説が一世を風靡したのだから、当然のことだ。

しかし、ヤマト建国の考古学は、まったく逆の事実を突きつけてしまった。

三世紀初頭、奈良盆地の東南の隅、三輪山麓の扇状地に、突然各地から人びとが集まり、前代未聞の政治と宗教に特化された都市が誕生した。これが、纒向《まきむく》遺跡だ（奈良県桜井市）。

ちなみに、纏向遺跡から出土した土器の内、三割が外来系だった。その内訳は、以下の通り。東海四九%、山陰・北陸一七%、河内一〇%、吉備七%、関東五%、近江五%、西部瀬戸内三%、播磨三%、紀伊一%だ。

東海系が約半数を占め、北部九州からの流入がほとんどないことに、注目していただきたい。また出雲は、「山陰・北陸」と括られ、その総数が一七パーセントにすぎないことも、無視できない。

そして、ヤマトに集まってきた人びとは、西に向かって侵攻をはじめた。北部九州の奴国（福岡県福岡市と周辺）に、押し寄せていったのだ。なぜ人の移動が分かるかというと、当時は旅館やホテル、レストランもなく、「マイ土器」を持参し、旅をして自炊した。あるいは、旅先で故郷と同じ形の土器を造ったのだ。土器の移動を把握すれば、人の流れが分かってくるのである。

北部九州から強い王がヤマトに征服戦を仕掛けたと信じられていたが、その常識は、もはや通用しなくなった。北部九州の奴国に、東の人びとがなだれ込んでいたことは、物証が明らかにしてしまったのだ。

すでに触れたように、纏向遺跡には早い段階で初期型の前方後円墳（纏向型）が出現していたが、三世紀半ばから四世紀にかけて、「完型化した前方後円墳」に生まれ変わる。その代表例が箸墓《はしはか》古墳（箸中山《はしなかやま》古墳）だった。この定型化した前方後円墳は、日本各地に伝播して埋葬文化を共有し、ヤマトの王から威信財をもらい受けることで地方の首長の権威が約束されるという、ゆるやかなネットワークが出現した。これが、ヤマト建国である。

『日本書紀』には、箸墓の被葬者が女性の皇族（巫女）だと記録され（倭迹迹日百襲姫命《やまとととびももそひめのみこと》）、邪馬台国畿内論者は、箸墓こそ邪馬台国《やまたいこく》の卑弥呼《ひみこ》の墓に相違ないと主張している。「邪馬台国はヤマトで決まった」と、畿内論者の鼻息は荒い。

ただ、畿内論には弱点があって、弥生時代後期の近畿地方南部は、鉄の過疎地帯だったのだ。このような地域にヤマト政権が出現したのか、大きな謎として残った。ところが、淡路島から大きな鉄器工房が発見されたことによって、「近畿地方や周辺にも、鉄器は存在した」と、畿内論者は飛びついたわけである。

ただし、話はそう単純ではない。

まず第一に、箸墓の造営年代に関して言えば、炭素14年代法は三世紀半ばから四世紀に大きな誤差が生まれ、箸墓の造営も、もっとも古く見積もれば三世紀半ばだが、四世紀の可能性もあるわけで、絶対年代を特定できるわけではない。しかも、箸墓に卑弥呼が埋葬されたことを証明する物証は、なにひとつみつかっていない。

第二に、淡路島の鉄器工房も、ヤマト盆地の働きかけによって生まれたかというと、じつに心許ない。

文明に抗った近畿地方南部

北部九州に稲作が伝来し、あっというまに東日本まで新文化が到達したとかつては信じられていたが、想像以上にゆっくりしたペースだったことが分かってきた。「征服型」ではなく、バトンリレー式に伝わっていったし、いくつもの壁がたちはだかり、また、多くの場所で文化の揺り戻しが起きていた。縄文時代が弥生時代に一気に入れ替わったわけでもなく、時代の区切り方も難しくなってきたのだ。

弥生時代半ばの北部九州では、銅剣や銅矛が富を蓄えた者の武器に用いられたが、瀬戸内や近畿では、打製石器が流行の武器になっていくし、青銅器が個人格差や地域格差や序列の象徴になることはなかった。これは、東側の社会の本質が縄文との共通性を有しているからだという（松《まつ》木《き》武彦《たけひこ》『日本の歴史一　旧石器・縄文・弥生・古墳時代　列島創世記』小学館）。

弥生時代後期の銅鐸文化圏（近畿地方から東海地方にかけて）では、強い王を求めない風潮が広がっていった。銅鐸は巨大化し、一メートルを越えて化け物化していくが、それは一人の首長（王）が威信財を独占することを防ぐためだった。集落の全員の共有する祭器が巨大銅鐸だった。この銅鐸文化圏では、縄文時代からつづく物流のネットワークを駆使して、平均化した社会を維持していたのだ。

松木武彦は、近畿地方や周辺地域は、縄文時代の東日本の社会に構造が似ていること、中国文明の遺伝子は、北部九州を経て各地に遺伝したが、基本的な文化は変えることはなかったと指摘している（前掲書）。

ただし、銅鐸文化圏も、西側の繁栄に押し込まれる形で、次第に富を蓄え、国力をつけていったが、近畿地方南部は、なぜか発展と繁栄に逆行していたようなのだ。

また、紀元後一世紀、弥生時代後期に突入したころの日本海側の地域では、丹後地域を中心に、山陰や北陸地方で、鉄器や階層的な墓制が出現する。これらによく似た豊富な副葬品をともなう厚葬墓《こうそうぼ》は、中部地方や関東北部にも広がり、なぜか近畿南部だけが取り残されていったのだ。

寺前直人《てらまえなおと》は、近畿南部が特異な物質文化を形成したと説明する。競争力の強い制度や最新技術を拒み、「文明に抗うための社会的装置」を充実させていき、伝統的なネットワークに連なる者たちの既得権益を守ったと言い、次のように述べている。

一時的とはいえ近畿地方南部を中心とした列島中央部の人びとは、大陸・半島からもたらされた魅力的な文明的価値体系に抗することに成功した（『文明に抗した弥生の人びと』吉川弘文館）。

弥生時代後期のヤマトを中心とする近畿地方南部は、極端な鉄器の過疎地帯となったのは考古学が確かめている。

ならば、なぜ「文明に抗ったヤマト」に、三世紀初頭、忽然と、都が出現したのだろう。なぜ、ヤマトの盆地に、各地から人びとが集まってきたのだろう。

ここに、ヤマト建国の本質が隠されているように思えてならないので、淡路島の鉄器工房の話にもどる前に、あともう少し余談を交えたい。出雲とタニハ（但馬、丹波、丹後、若狭）のことだ。歴史から抹殺された、日本海の巨大勢力・タニハの話だ。

タニハと近江と東海のつながり

弥生時代後期の出雲は、北部九州と手を組むことによって繁栄を手に入れた。富を手に入れ強い王が生まれ、四隅突出型墳丘墓を造営する。この埋葬文化は東に拡散して、越や東北南部にまで伝わった。ただ、タニハがこれを拒み、独自の埋葬文化を形成していく。それが、方形台状墓だ。タニハは日本海にたすき掛けの勢力圏を生み出し、ヤマト建国の遠因となっていく。

ちなみに、越では、出雲の四隅突出型墳丘墓が伝播する以前、山陰、丹後、近江、畿内、東海などの各地域の土器が影響を及ぼし、混沌としていたが、弥生時代後期後葉、四隅突出型墳丘墓が流れこみ始めると、越の西側（南西部）は出雲の土器の影響を受け、東側（北東部）は丹後（私見に言うタニハの一部）の影響を受けていたという。また、そのあとは、外来系の影響が薄れていく（田島昭仁《たじまあきひと》『東日本の古墳の出現』甘粕健《あまかすけん》編　山川出版社）。つまり、出雲とタニハは、お互いに敵を挟み打ちにしていた形になる。

タニハは弥生時代後期、西側からの圧力をかわすために、銅鐸文化圏と交流し、文物を流した気配がある。このため、近江や東海地方は、めきめき力をつけていった。タニハの方形台状墓《ほうけいだいじょうぼ》は二世紀末から三世紀初頭ごろ（ヤマトに纏向が出現する時代）に近江で前方後方墳《ぜんぽうこうほうふん》となり（植田《うえだ》文雄《ふみお》『「前方後方墳」出現社会の研究』学生社）、東海地方がいち早く採用していった。

出雲を考える上で、ヤマト建国と東海地方のつながりが、大きな意味を持ってくるので、少しここで、東海地方の動きに注目しておきたい。

少し時間は溯《さかのぼ》る。二世紀の初めに（西暦百年前後）、銅鐸文化圏の東海地方に、大きな変化が起きていた。巨大地震や天候不順（寒冷化）による洪水が頻発して、巨大集落や環濠集落が消滅し、祭祀形態の見直しもあって、銅鐸は捨てられていく。

考古学者の赤塚次郎《あかつかじろう》は、二世紀初め、この気候変動がきっかけとなり、地域再生プロジェクトが始まり、強いリーダーが求められるようになったのではないかと推理している（『邪馬台国時代の関東』石野博信　青垣出版）。そして、伊勢湾沿岸部全体をまとめるような仕組みが生まれていたようなのだ。

このあと、二世紀の終わりになると、東海地方でビッグバンが起きたようなのだ。北陸、中部高地、関東低地部、関東北部に東海系の文化が伝播し、近江から前方後方墳が伝わり、東国に拡散していった。また、奈良盆地の東南部（おおやまと）に、東海勢力が乗り込んでいった。

そしてここで、意外な化学反応が起きていくのだ。東海を中心とする東側に大きなうねりが生まれ、奈良盆地にも人びとが流れこみ、吉備と出雲が、あわててヤマトに乗り込んでいた可能性が高い。これが、纒向遺跡の誕生と思われる。

赤塚次郎の指摘は、じつに大きな意味を持っていると思う。これまで、東海地方の活躍は、ほとんど注目されてこなかったが、それは『日本書紀』がわざと無視してきたことに起因している。さらに、邪馬台国論争のまちがった解釈によって、東海地方の実力が、過小評価されてきたのだ。ここに邪馬台国のみならず、ヤマト建国の古代史を解き明かす上での大きな障害が隠されている。

邪馬台国畿内論者は、「魏志倭人伝《ぎしわじんでん》」の「北部九州沿岸部から南に邪馬台国がある」という記事の「南」を「東」に読み替えることで、邪馬台国はヤマトと推理する。すると、「邪馬台国と敵対していた狗奴国《くなこく》は邪馬台国の南にあった」という「魏志倭人伝」の記事も、「南」を「東」に読み替えるため、「ヤマトの東の東海地方はヤマトの敵の狗奴国」と考えざるを得なかったのだ。ここで、大きなボタンの掛け違いをしてしまい、ヤマト建国時の東海地方は、ヤマトの宿敵になってしまったのである。

だれが明石海峡を支配したのか

ここでようやく、淡路島の鉄器工房の話にもどってくる。

北部九州は富み栄えたが、地政学上の弱点に苦しめられた。奈良盆地に東の勢力が集まれば、西側から攻めるのは困難になる。東側から北部九州が攻められると、「大分県日田市の盆地」というアキレス腱があって、守り切るのは難しい。事実、纏向遺跡が出現すると、日田盆地の北側の一等地の高台に、ヤマトと山陰の土器が流れ込み、政治と宗教に特化した環壕《かんごう》（濠）集落が出現している。それが、小迫辻原遺跡《おざこつじばる》だ。

だから北部九州勢力は、東から攻められる前に、出雲と吉備に鉄を流し、同盟関係を維持しようと目論んだだろう。さらに目をつけたのが、淡路島ではなかったか。

すでに述べたように、瀬戸内海は四つの狭い出入口に囲まれていて、その中のひとつが、瀬戸内海とヤマトをつなぐ「明石海峡」だった。この要衝の争奪戦が勃発すれば、淡路島と対岸の播磨が、最も重要な拠点になってくる。だから、北部九州や出雲勢力は、淡路島に鉄器を流し、ここでヤマトの西側への野望を、阻止しようと目論んだのではなかったか。だからこそ、淡路島に鉄器工房が築かれたのだろう。

淡路島が西日本でいかに重要なポイントかというと、神話の中でいち早くこの島が生まれ、逆に、古代から戦国時代まで、この地に有力な豪族や大名が生まれなかったことからもはっきりとしている。ヤマトや山城《やましろ》（京都府南部）、難波《なんば》（大阪）に都が造られていくが、明石海峡を自由に往来できて、瀬戸内海航路を往き来し、北部九州や朝鮮半島につながる道は、手放せなかった。だから、淡路島に強大な勢力が誕生すれば、すぐに潰しにかかっただろう。淡路島は軍事と流通、戦略上最も重要な場所であり、だからこそ、決して栄えてはいけない呪われた土地にもなって行くのだ。

ならば、纏向遺跡が出現した頃、淡路島を支配していたのはだれか。

ヒントは、『播磨国風土記《はりまのくにふどき》』に記されていると思う。播磨国では、出雲神と歴史時代のアメノヒボコが、時空を越えて壮絶なバトルをくり広げていたとある。これが、明石海峡争奪戦と見抜けなければ、歴史を読み誤る。

アメノヒボコ（天日槍《あめのひぼこ》）は新羅《しらぎ》王子で、崇神《すじん》天皇を慕って来日したと『日本書紀』は言う。ヤマト黎明期に活躍した人物だ。伽耶《かや》王子・ツヌガアラシト（都怒我阿羅斯等《つぬがあらしと》）と同一人物と考えられている。六世紀に伽耶諸国は新羅に併呑され、本来は朝鮮半島最南端の出身だったが、新羅と混同されてしまった可能性が高い。

出雲神と播磨で争ったアメノヒボコ

アメノヒボコは来日後、但馬《たじま》（兵庫県豊岡市）に落ちつくが、瀬戸内海側で、出雲神と争っていたようだ。

『播磨国風土記』揖保郡《いいぼのこおり》粒丘《いいぼおか》の地名説話が有名だ。

アメノヒボコが「韓国《からくに》」から渡来し宇頭《うづ》の河口（揖保《いぼ》川）にやってきた時、アシハラシコオ（葦《あし》原志挙乎命《はらしこおのみこと》。大国主神の別名）に、懇願した。

「あなたは土地の主なのだから、私に宿る場所を譲って欲しい」

するとアシハラシコオは、「海の中ならよい」と、意地悪をした。アメノヒボコは剣で海原をかき混ぜて波を起こし、その上に座った。アシハラシコオはアメノヒボコの武勇を恐れ、先に国を占拠してしまおうと、粒丘に登って食事をした。この時口から飯粒《いいぼ》（粒）が落ちたので、「粒丘」と名付けられた。

この説話のほかにも、アメノヒボコと出雲神が、戦ったと『播磨国風土記』は記録している。

アメノヒボコそのものが神話じみた人物だが（そもそも天日槍という名前が、人の物ではない。

実名を隠されていることは間違いない)、『日本書紀』や『古事記』には、歴史時代の人として描かれている。ところが『播磨国風土記』には、アメノヒボコと出雲神が時空を超えて遭遇している。これはいったいなんだろう。

『日本書紀』はヤマト建国前後に起きていた事件を出雲神話の中に封じこめたから、播磨で起きていた「出雲」と「タニハ」の主導権争いを、『播磨国風土記』は、「アシハラシコオとアメノヒボコの争い」として描いたと言うことだろう。つまり、出雲神話はヤマト建国前後の物語と理解すれば、よいのだと思う。

現存『播磨国風土記』は、朝廷に提出され添削を受ける前の原本がたまたま残っていたもので、『日本書紀』神話との摺り合わせをしていない可能性が高い。だから神話と歴史時代の神と人が戦っているからといって、無視するべきではない。

また、このあとアメノヒボコが拠点を構えた但馬から、巨大な船を描いた線刻画がみつかっていて、円山川《まるやま》の特殊な地形から考えても、アメノヒボコが海の民の棟梁だったことは間違いない。

しかも、拙著『アメノヒボコ、謎の真相』(河出書房新社)の中で詳述したように、アメノヒボコはただの渡来人ではない。タニハ出身で朝鮮半島に渡り、鉄の王となってもどってきた「海峡を自在に往還する王」だった。

播磨の重要性

それはともかく、なぜ播磨が重要だったのだろう。日本海側の出雲とタニハが、なぜ瀬戸内海側に来て土地を奪い合ったのか。

まず、陸路が大きな意味を持っていた。播磨から出雲街道が北西に向かって伸びている。北東に向かうと、楽に日本海に出られる。丹波《たんば》市氷上《ひかみ》町に、日本でもっとも低い分水嶺が存在するからだ。標高は約九五メートルで、日本海側に由良川が、瀬戸内海側には高谷川《たかたに》（加古川《かこ》）が流れ下る。元伊勢と呼ばれる豊受大神社《とようけだい》と皇大神社《こうたい》（どちらも京都府福知山市《ふくちやま》大江町）は、この街道筋にあって、交通の要衝に鎮座していたわけだ。

弥生時代中期末から後期初頭にかけて、この道を利用して、瀬戸内海の土器が山陰と近畿北部、北陸に伝わっていたことが分かっている。

つまり、出雲とタニハの双方に、播磨を起点にV字型に、道が延びていたのだ。そして、出雲とタニハが播磨で争ったのは、明石海峡争奪が目的だろう。

『日本書紀』に、垂仁天皇がアメノヒボコに、播磨国の宍粟邑《しさわのむら》（兵庫県宍粟《しそう》市）と淡路島の出浅邑《いでさのむら》（兵庫県洲本《すもと》市）を下賜したと記録されている。

下賜したのか、アメノヒボコが争いを勝ち抜き、土地を手に入れたのか、はっきりしない。ただ、淡路島にアメノヒボコが拠点を構えたとすれば、タニハは西から圧迫してくる出雲をおさえるために、播磨に進出し、明石海峡争奪戦に勝利した可能性が高い。

そしてアメノヒボコは、播磨→宇治川→近江→若狭を経由して但馬に入ったという。このルートは、タニハにとっての生命線であり、大切なネットワークである。

そしてそれ以上に、二世紀末、北部九州、出雲、吉備が手を組んで構築した対ヤマト包囲網を、タニハが破壊した可能性は高くなる。播磨と淡路島に楔を打ち込み、北部九州と出雲の野望を打ち砕いたのだろう。

タニハは出雲の圧迫をはねのけるために近畿地方や近江、東海と交流し、発展を促し、明石海峡を開放したのだろう。だから奈良盆地に東海勢力が流れこんだ瞬間、吉備も出雲も、手のひらを返したように、ヤマトを目指したに違いない。

こうして、ヤマトは巨大な勢力となり、北部九州を圧倒することに成功したわけだ。

淡路島の鉄器工房にこだわったのは、このないきさつを明らかにするためだ。

吉備のヤマトに入らないという策略

こうして出雲は、纒向のヤマト建国に参加することになった。その一方で、ヤマト勢力とともに、北部九州の奴国周辺になだれ込んでいた。

たとえば博多湾岸の三〜四世紀の集落・西新町《にしじんまち》遺跡の土器は、在地系六三％に対し、畿内系二十五％、山陰系九％、吉備系一％、朝鮮系二％で、外来系土器が三七％を占めている。この地域ごとの割合も、興味深いものがある。

在地系と外来系は、住居の区画をべつにしていて、両者は対等につきあっていた様子が見て取れること、三雲《みくも》遺跡（福岡県前原《まえばる》市）も、同じような姿を見せているという（石野博信《いしのひろのぶ》『邪馬台国と古墳』学生社）。

ところで、富み栄えていた北部九州が、なぜヤマト勢力の出現に、うまく対応できなかったのだろう。

最大の原因は、すでに触れたような、北部九州の地政学上の脆弱性があった。最大のネックは筑後川上流部の大分県日田市の盆地で、ここを東側の勢力に奪われて玄界灘側から攻められ挟み撃ちに逢えば、北部九州は、身動きが取れなくなるし、事実そうなった。ヤマト政権内に、地理と地勢を知り尽くした軍師が存在したのではあるまいか。

こうして、ヤマト勢力は、北部九州を席巻することに成功する。北部九州沿岸部を中心に、纏向式（初期型）の前方後円墳が広まっていった。

ところが、ここから先が、不可解なのだ。

ヤマト勢力が流入し、活気を帯びていた奴国周辺だが、あっという間に没落していく。そして、山陰地方や日本海沿岸部も同様に、衰退していったのだ。出雲も例外ではなく、ヤマト建国後各地で雨後の筍のように出現した前方後円墳を、しばらく造ることができなかった。もちろん、巨大な四隅突出型墳丘墓も造られなくなる。

いったいここで、何が起きていたのだろう。

注目すべきは吉備の動向だ。

ヤマト建国にもっとも貢献したのは、吉備ではないかと考えられている。弥生時代後期の楯築《たてつき》弥生墳丘墓《やよいふんきゅうぼ》（岡山県倉敷市）は、双方中円墳《そうほうちゅうえんふん》で、形は前方後円墳の原型となった。しかも、特殊器台・壺を並べ、これがまさに、纒向で誕生した前方後円墳に継承されていく。

纒向の外来系土器でもっとも多かったのは東海地方のもので、吉備の土器は少なかったが、東海系の土器は生活の道具であり、史学者はこれを軽くみなしている。逆に吉備からもたらされたのは多くが祭器だったため、吉備の力が、評価されたのだ。

纒向に吉備の土器が少なかった理由は、もうひとつある。吉備は、ヤマトではなく、手前の河内（大阪府）に拠点を構えたのだ。出雲の謎とは全く関係ないように思える話だが、じつはここがけっこう大切なポイントなのだ。

纒向に多大な影響を与えたはずの吉備が、なぜ河内に留まったのだろう。理由は、ヤマトに一番乗りできなかったこと、河内に拠点を構えた方が、吉備勢力にとっては、得策だったからである。

東海地方は「東がヤマトを奪うことで、西の圧力をはね返すことができる」と考えていただろう。しかも、東日本と縄文時代から陸路でつながっていた奈良盆地の東南部に、拠点を構えることができた。これに対し出遅れた吉備は、河内をおさえ、瀬戸内海からいつでも救援を頼める場所を確保した。ちなみに、奈良盆地が縄文時代から「西に突き出た東」だったことは今日多くの考古学者が認めるところであり、その交流の場に、日本初の市場（海柘榴市《つばいち》）や都（纒向）が造られた。

東海勢力は奈良盆地西側の山並みが、西側からやってくる敵を、はね返すことができると安心したが、吉備はこの天然の要害を逆利用し、盆地側から攻めてくる「東の敵」に対する城壁と考えたのではあるまいか。だから彼らは生駒山を確保したようなのだ。

そう考える理由がある。古代最大の豪族・物部《もののべ》氏が、生駒山と東側の一帯をその支配下に置いていたが、彼らは吉備出身だったと考えられるからだ。

『日本書紀』は、神武天皇が東征するよりも早く、ヤマトにはナガスネビコ（長髄彦《ながすねびこ》）が君臨していて、そのあとに物部氏の祖・ニギハヤヒが舞い下りてきたと証言する。物部氏は河内を拠点にし、大和川流域に睨みをきかせ、生駒山周辺を支配した。古くは生駒山をニギハヤヒ山と呼んだという。

この物部氏の行動は、まさに吉備の動きと合致している。物部氏は、吉備出身で、生駒山を確保することで、纏向の東海勢力と、対等かそれ以上の発言力を獲得したのではなかったか。

物部氏の祖は吉備からやってきたのだろう。

老獪な吉備

ヤマト建国は、周囲から人びとが集まってきて化学反応を起こした不思議な国造りだった。そして、二世紀の倭国大乱《わこくたいらん》と呼ばれた混乱状態を、「ショック療法」で鎮めたイメージがある。タニハによる播磨・淡路島争奪戦と東海地方のビッグバーンによって、人びとはヤマトに集まってきたのだろう。

「纒向以前」、日本列島各地に防御性の高い高地性集落や環濠《かんごう》（壕）集落が造られていたが、纒向遺跡は防禦《ぼうぎょ》性の低い、堀も柵もない無邪気な赤児のような都市となった。

考えてみれば、王家（天皇）の住まいは、こののち城壁を持つことはなかった。中国から先進の「都城《とじょう》」なるものを導入するが、中国のような高い城壁を巡らせることはなかったのだ。

この点、「無防備な纒向遺跡」は、日本史の奇跡のひとつといってよいと思うし、城壁に守られぬヤマトの王が、文化として定着していった意味はけっして小さくない。

ただし、纒向に集まった人びとはこのあと、主導権争いをくり広げていく。そして、最後に笑ったのは吉備勢力だ。前方後円墳の原型は吉備で生まれ、ここにいくつかの地方の埋葬文化が重なっていった。さらにこのあと完型化した前方後円墳が三世紀後半から四世紀に誕生し、各地の首長がこれを受け入れた。これがヤマト建国であり古墳時代の始まりだった。各地の首長が緩やかにつながるこの体制は、六世紀末から七世紀初頭までつながっていく。その一方で、「吉備出身の物部氏」はヤマト最大の豪族にのし上がった。

ただし物部氏は、古墳時代の終焉とともに、一度没落している。丁未《ていび》の乱＝物部守屋《もののべのもりや》滅亡事件（五八七年）は、じつにシンボリックな事件だったのだ。古墳時代とは物部氏の最盛期であり、瀬戸内海勢力の時代だったことがはっきりとわかる。

三世紀、吉備からやってきた物部氏は、東海勢力よりも一歩出遅れたが、河内だけではなく奈良盆地の西側の生駒山をおさえることで、安住の地を確保した。また、大和川が奈良盆地から瀬戸内海に向かう出口付近（大阪府八尾市）を支配することで、ヤマトの政権に圧力をかけ続けることができたし、ヤマト政権内の主導権を握ることができた。吉備の戦略は、的確であった。

吉備は「老獪さ」で生き残った。

タニハは出雲の圧迫を受けて、播磨を攻めることで出雲や吉備を牽制し、さらに近江や東海の発展を促し、奈良盆地に彼らを誘ったと思われる。この戦略のさらに先には、朝鮮半島へつながる安全な交易の道を確保することがあったと思う。それが、朝鮮半島にもっとも近い北部九州を支配下に置くことだ。だから、纏向にまとまりができたと同時に、タニハと東海勢力は北部九州になだれ込んだのだろう。このとき、タニハもヤマトの中心部に介入した様子がない。タニハは「環日本海交易圏」を構築しようとしていた気配がある。

一方の吉備は、冷徹に成り行きを見守るとともに、河内の地盤強化に専念している。北部九州には、ほとんど人を送り込んでいない。

この策は、勇気がいっただろう。時流の逆を選択し、北部九州における利権をむざむざ手放す危険をはらんでいたからだ。

しかし、吉備の賭けは吉と出た。このあと、北部九州の奴国周辺は一度繁栄するが、急速に没落し、同時に山陰地方も衰退してしまった。結局、吉備のひとり勝ちになるからだ。吉備が原型を作りあげた前方後円墳の時代が、こうしてはじまったのだ。いわゆる古墳時代である。

東海地方が軽視された三つの理由

この章の最後に、「東海地方」について、付け足しておきたい。

出雲神話の謎を追う上で、東海地方が重要な意味を占めてくるからだ。出雲だけではない。古代史の真相を知るためにも、東海地方は、大きな意味を持ってくるが、これまで、軽視されてきたのである。

三世紀初頭、ヤマトに真っ先にやってきた東海勢力も、ヤマト建国後、なぜか冴えなくなる。東国に一気に広まった前方後方墳も、かつての勢いを失い、前方後円墳が各地の首長に受け入れられていったのだ。そしてこのあと、東海地方の雄族・尾張氏は、中央政界でほとんど活躍していない。ここに大きな謎が隠されている。

古代史における東海地方や尾張氏の活躍は、日本史の根幹の謎解きの鍵を握っていると言っても過言ではないのだ。そして、くどいようだが、出雲の謎解きを進める上で、東海地方と尾張氏の本当の姿と行動を明らかにすることが、重要なのである。

さて、纏向遺跡に半数の土器を東海地方が持ち込んでいたのに、評価されなかった理由は、三つある。

まず、すでに触れた理由だ。邪馬台国畿内説がネックになっていた。そして第二に、古代史における「東（関ヶ原から東）」に対する評価が、そもそも低かったこと、第三に『日本書紀』の態度に惑わされたからだと思う。

邪馬台国畿内説と東海の話はすでにしてある。邪馬台国畿内説は決定的ではないし、「ヤマトの邪馬台国」が騒乱の最中にあったとすれば、なぜ纏向に環濠や柵を作らなかったのか、大きな疑問が残る。三世紀半ば（卑弥呼が亡くなった時代）の東海地方は纏向に対して敵対的ではなく、やはり、東海＝狗奴国説には、無理がある。

第二の理由は、史学者の意識の問題だ。「古代日本は西が優位に立っていた」という固定観念から抜け出せないでいる。西に比べて東は劣っていたと信じているのだ。

たとえば赤塚次郎は、さかんに奈良盆地の東南部（おおやまと）に、いち早く東海地方の影響が広がっていたと指摘しているが（『古代「おおやまと」を探る』伊達《だて》宗泰《むねやす》編　学生社）、他の史学者は、目をそむけているように思われる。

東海地方の活躍は、やはり無視できない。纏向遺跡が出現するよりも少しはやく、東海系の人びとは柳本《やなぎもと》遺跡群（天理市）に拠点を作り、纏向の初期の土器に影響を与えていたようだ。つまり、二世紀末から三世紀初頭、纏向遺跡の一帯（おおやまと）に、まず東海地方の人びとがやってきたと赤塚次郎は指摘している。奈良県桜井市から天理市にかけて、三世紀の各遺跡から、東海系土器が高い頻度で出土する。

もう少し、「纏向の東海」について、詳しく説明しておく。纏向に外来系の土器が流入したピークと東海系土器が流れこむピークにズレがあって、東海系は先に大量に流れこんでいた。

東海系の土器が纏向の土器に与えた影響は少ないと信じられてきたが、纏向遺跡の初期の成立段階では、東海系土器の影響が及んでいたという。纏向遺跡で祭祀に用いられた「器台」は吉備系が有名だが、纏向誕生の直後は、東海系の要素も含まれていたというのである（前掲書）。

このように、ヤマト王権揺籃《ようらん》の地に、だれよりも早く乗り込んだのが東海地方の人びとだった可能性は、高まるばかりなのだ。

古代の東国の実力は、次第に明らかになっていくだろう。たとえば弥生時代後期の人口は、関ヶ原から東は西を凌駕していたし、銅鐸文化圏の人びとがゆるやかなネットワークを大切にし、それが縄文時代から継承されてきた列島人の「平等志向」に根ざしていて、また、「中国文明に対するアレルギー」が、彼らの中に潜んでいた可能性は高く（考古学者は次第にそう考えるようになってきた）、「東」が強大な権力と富にいかに対抗するかを模索しているうちに、纏向が出現したと思えてならない。

また、「奈良盆地に東の人びとが続々と乗り込んできた」ことに、北部九州を中心とする西側は震撼したはずで、だからこそ吉備と出雲はヤマトに靡いたわけである。

それだけではない。四世紀末から五世紀になると、関東北部を中心に巨大な前方後円墳がいくつか造られていくが、このあと畿内を除いた全国を見渡しても、関東がもっとも多くの巨大前方後円墳を造営した地域に発展していった。朝鮮半島情勢が緊迫化し、ヤマト政権は遠征軍を派遣していたが、関東の軍事力をあてにしたのだ。ヤマト政権は東のパワーを頼りにし、その実力を知っていたから恐れもしたのだ。

この「東に対する潜在的な恐怖心」は、八世紀以降もつづいたようで、都で不穏な空気が流れると、東国に向かう三つの関を封鎖した。これが三関固守《さんげんこしゅ》だ。三関は、伊勢国鈴鹿《すずか》・美濃国不破《ふわ》（岐阜県不破郡関ヶ原町）・福井県敦賀《つるが》市南部の旧愛発《きゅうあらち》村と滋賀県高島市マキノ町との境にある有《あら》乳《ち》山付近だ。

　太古から八世紀に至るまで、隠然たる力を備えていた「東や東海」なのに、これまで気付かなかった最大の原因は、『日本書紀』が意図的に東海地方や尾張氏を無視したからだ。なかったことにされたのは、東海地方と尾張氏の歴史が、とてつもなく大きな意味を持っていたからだろう。『日本書紀』は、神代から七世紀に至る東海地方の歴史を、ほぼきれいに抹殺している。顕著な例は壬申の乱（六七二年）で、大海人皇子《おおあまのみこ》（のちの天武《てんむ》天皇）がわずかな人びとを引き連れ東国に逃れたとき、尾張氏が軍資を提供している。乱の最大の功労者と言ってよく、それにもかかわらず、『日本書紀』はこの尾張氏の行動をまったく記録していない。露顕したのは、『日本書紀』の次に記された『続日本紀《しょくにほんぎ》』が、うっかり尾張氏の行動を記録してしまったからだ。

　このように、『日本書紀』は、東の「重み」を、記録しなかった。特に東海地方や尾張氏を歴史から排除したことが、大きな意味を持ってくる。出雲神話の真相を解き明かすには、尾張氏の正体と、なぜ『日本書紀』が尾張氏の記録を残さなかったのか、ここが重要な意味を持ってくるのである。

第三章　なぜ出雲の神々がヤマトで祀られるのか

なぜヤマトに出雲神が集まったのか

出雲神話の謎を解き明かすために、遠回りしたが、「東や東海」の知識を得たことで、ようやく話を進めることができる。

出雲をめぐる謎のひとつに、「なぜヤマト（奈良県）に出雲神が集まっているのか」がある。歴史時代に入っても、ヤマトは出雲の亡霊を引きずっているのだ。八世紀の『日本書紀』が創作した神話としても、なぜ、出雲神がヤマトに溢れているのだろう。

代表例は三輪《みわ》山の大物主神《おおものぬしのかみ》だ。

出雲の大国主神《おおくにぬしのかみ》が国造りを終えたとき、大物主神が現れ、「三諸山《みもろ》（三輪山）に住みたい」と要求したという。そのとおりに大物主神は三輪で祀られることになったが、ヤマト建国の直前に、大物主神がすでにヤマトで祀られていたという設定だ。

ヤマトの王家の出発点は三輪山山麓の纏向《まきむく》遺跡なのだから、大物主神はまさに王家にとってもっとも大切な神なのだろう。「大物主神」の「物」は「神や鬼」をさしていて（物《もの》の怪《け》の「モノ」）、大物主神は要するに「大いなる神（鬼）の主の神」であり、「神の中の神」「鬼の中の鬼」だったわけだ。大物主神は無敵である。

崇神《すじん》天皇は国内に蔓延した疫病に辟易し、大物主神の子を探し出して大物主神を祀らせ、ようやく事態は収拾したという。人口は半分以下になったというから、疫神の猛威は激しかったのだ。もちろん、大物主神が疫病を振り撒いていた（と信じられていた）わけである。

ちなみに、出雲建国や出雲の国譲りなど他の神話の中で、大物主神は活躍していない。これも不思議といえば不思議だ。突然、大国主神の前に現れ、「三諸山で祀れ」と要求している。『日本書紀』は、「大国主神と大物主神は同一」と言っているが、これは、間違いだ。「大国主神」は、「大いなる国の主の神」であり、「大いなる神の主の神」の大物主神と同一であるはずがない。格が天と地の差ほど違う。

ちなみに、『日本書紀』に大国主神の異名が複数記録されているのも、解せない。『日本書紀』神代上第八段一書第六には、大国主神のまたの名は大物主神とあり、さらに、大己貴命《おおあなむちのみこと》、葦原醜男《あしはらのしこお》、八千戈神《やちほこのかみ》、大国玉神、顕国玉神《うつしくにたまのかみ》の別名があると言う。

もちろん、些細な問題に見えるかもしれないが、名前をたくさん与えられた人物や神は、じつに怪しい。正体を抹殺されている可能性が高いのだ。歴史時代で言うと、廏戸皇子《うまやとのみこ》が、多くの名で呼ばれている。しかも、正体が抹殺されている（蘇我入鹿《そがのいるか》の真の姿を書き替えるための偶像なのだが）。ならば、大国主神は、なぜ多くの名を与えられたのだろう。何かしらの理由があった

山の辺の道から三輪山麓を望む。写真は景行天皇陵へ続く入り口付近

はずだ。

それはともかく、謎解きのヒントをにぎっているのは、やはり大物主神なのだろうか。大物主神は「神の中の神」だから、ヤマトのもっとも重要な霊山である三輪山に祀られているのは、むしろ当然のことかもしれない。ただ、それならなぜ、王家の敵だった出雲神が、神の中の神と崇められたのだろう。

ひとつ考えられることは、大物主神が疫病を振り撒き、祟り神として恐れられ、「もっとも恐ろしい祟り神＝鬼」だからこそ、丁重に祀られた可能性がある、ということなのだ。

ただ、すでに述べたように、出雲神たちは国譲りの要求に、納得して合意している。『日本書紀』は、高皇産霊尊《たかみむすひのみこと》が「立派な社を建ててやろう」と（上から目線だが）告げ、これを、ありがたく受け入れている。出雲の神に祟る理由はないのではあるまいか？

『出雲国造神賀詞』に登場する四柱の神々

出雲の神をヤマトの王家の守り神にしてヤマトに遷し祀ると宣言しているのが、『出雲国造《いずものくにのみやつこの》神賀詞《かむよごと》』だ。

新任された出雲国造は、ヤマトに出向き、『出雲国造神賀詞』を奏上する。その中に、次の一節がある。

まず、大己貴神はおのれの和魂《にぎみたま》（大物主神）を三輪山に、さらに、大己貴神の三人の子はヤマト盆地の南部に移し祀られたとある。

詳細は以下の通り。

阿遅須伎高孫根命《あじすきたかひこねのみこと》（阿遅鉏高日子根神《あじすきたかひこねのかみ》）の御魂を葛木《かつらぎ》（葛城《かつらぎ》）の鴨の神奈備《かんなび》（奈良県南御所市の高鴨《たかがも》神社）に、事代主命《ことしろぬしのみこと》の御魂を宇奈提《うなて》（奈良県橿原市雲梯《うなて》神社）に、賀夜奈流美命《かやなるみのみこと》の御魂を飛鳥の神奈備（高市郡明日香《あすか》村の飛鳥坐《あすかにます》神社か）に鎮座させ、「皇孫《すめみま》の命《みこと》の近き守神《まもりがみ》と貢《たてまつ》り置きて、八百丹杵築《やおにきづき》の宮に静まりましき」

ここで大己貴神は、大物主神らをヤマトに遷し皇孫の守り神とした上で、自らは出雲の杵築大社（出雲大社）に鎮座した、というのである。

『出雲国造神賀詞』の奏上が記録に最初に登場するのが霊亀《れいき》二年（七一六）で、九世紀前半まで十五回にわたって行なわれたが、最初の奏上時、すでに都は盆地北部の平城京《へいじょうきょう》（奈良県奈良市）に遷っていた。それにもかかわらず、出雲を代表する神々が、奈良盆地の南部に固まっているのはなぜだろう。これも大きな謎だ。『出雲国造神賀詞』ができる前に、すでに出雲神が祀られていた、と言うことだろうか。それとも、出雲神は盆地南部の人脈とつながっていたのだろうか。

それだけではない。出雲を代表する神に選ばれた四柱が、じつにクセのある神々だ。

大物主神は出雲神大国主神と同体だと『日本書紀』は言うが、すでに触れたように、両者は格が違うし、出雲神話で大物主神は、まったく活躍していない。大国主神が国造りを終えたとき、ひょっこり現れて、「ヤマトの三諸山に住みたい」と要求したのだ。これは引っかかる。大国主神自身が、ヤマトにやってこなかったその理由も知りたいところだ。

事代主神は、大国主神の子で出雲の国譲りを最初に承諾した神だが、そもそもなぜ、大国主神は経津主神《ふつぬしのかみ》らに国譲りを強要されたとき、「子供の事代主神に聞いてくれ」と答えたのだろう。よくよく考えれば不可解ではないか。なぜ大国主神自身が責任を持って判断しなかったのだろう。出雲で実権を握っていたのは事代主神だったのだろうか。

事代主神の「事代」は、事件や事柄を、「事」のかわりに「言」を用いて宣言するものと推理されている。それゆえ、大国主神は判断を事代主神に委ねたと、一般には考えられている。だが、それは正しいのだろうか。

西郷信綱《さいごうのぶつな》は、コトシロヌシの名義は「言《こと》知りヌシ」で、「言」を司る者が原義だが、それとは別に、大国主神が多くの国々の「総合神格」であること、国を天神《あまつかみ》に献上した事代主神の言葉は、大国主神の言葉にほかならず、事代主神は大国主神の分身でもあると言う（『古事記注釈　第三巻』ちくま学芸文庫）。

しかし、それだけでは納得できない。たとえば、事代主神は奇妙な呪術を行なって去っていくが、この呪う神の属性は大国主神にはない。ただし、事代主神の正体は、第五章で明らかにする。アジスキタカヒコネも不思議な神だ。やはり、神話の主役ではないが、妙な役回りだ。活躍らしい活躍もないのに、天照大神と同等の神だったと『古事記』は言う（アジスキタカヒコネに関しても、のちに詳述する）。

賀夜奈流美命は、『日本書紀』や『古事記』に登場しない。謎だらけの神といっていい。江戸時代の国学者は、アジスキタカヒコネの妹の下照姫《したでるひめ》ではないかと推理したが、決定的な答えはみつかっていない。現在は、明日香村の飛鳥川の上流の栢森《かやのもり》の集落で祀られている。また、飛鳥の中心の飛鳥坐神社（もともとここで主祭神として祀られていた可能性も高い）や大神《おおみわ》神社の近くの恵比須《えびす》神社（桜井市）の祭神に名を連ねている。

『出雲国造神賀詞』の謎は、この四柱の神だけではない。すでに触れたように、『出雲国造神賀詞』の中で、出雲臣の遠祖・天穂比命《あまのほひのみこと》（天穂日命《あまのほひのみこと》）は、出雲を視察し、その上で、子の天夷鳥命《あまのひなとりのみこと》に布都努志命《ふつぬしのみこと》（経津主神）を副えて、出雲の国譲りを成し遂げたと主張している。これは、「天穂日命は出雲に同化して復命しなかった」という『日本書紀』の記事とすれ違っている。経津主神とコンビだった武甕槌神《たけみかづちのかみ》も排除され、代わりに天夷鳥命が登場していて、ここに大きな謎が隠されている。出雲神話の謎は尽きることがない。

出雲神の娘が神武の妃

ヤマト政権は、なぜか出雲を強く意識している。初代神武天皇も、即位後正妃に迎えいれたのは、出雲神の娘だった。

神武元年、橿原宮《かしはらのみや》（奈良県橿原市）で即位した神武《じんむ》天皇は、事代主神が三嶋溝橛耳神《みしまのみぞくいみみのかみ》（三島溝《みしまのみぞ》樴媛《くいのひめ》）の娘の玉櫛《たまくし》姫と結ばれて生まれた媛《ひめ》蹈鞴《たたら》五《い》十《す》鈴《ず》媛命《ひめのみこと》を正妃に迎えいれている。『日本書紀』神代上第八段一書第六には、事代主神は八《や》尋《ひろ》熊鰐《わに》（大きなサメ）になって三嶋溝樴姫のもとに通って、媛蹈鞴五十鈴姫命が生まれたとある。

「三島」は大阪府茨木市と高槻市周辺の地域で、淀川流域で活躍する海の民であろう。「耳」は「霊々」の意味を持つ。また、三嶋溝橛耳神の「溝」は厠の溝で、「橛」は溝を流れる「矢」だ。「矢」は男根で、ホトに刺さる。三嶋溝橛耳神は妊娠する巫女で、流れ矢伝説の主人公だ。

第二代綏靖《すいぜい》天皇も、事代主神の娘で、媛蹈鞴五十鈴媛命の妹の五《い》十《す》鈴《ず》依媛《よりひめ》を立てて、皇后とした。第三代安寧《あんねい》天皇は、事代主神の孫・鴨王の娘の渟《ぬ》名底仲媛命《なそこなかつひめのみこと》を娶《めと》った。

なぜ、初代から三代に至る黎明期の王は、出雲神の娘や末裔を娶ったのだろう。

ただし、『古事記』は、「ミシマノミゾクイ」にまつわる人脈について、少し違った形で記している。

神武天皇がまだ日向《ひむか》にいたとき、吾田《あた》の小椅君《おばしのきみ》の妹を娶って子が生まれていたが、ヤマトにやってきて皇后にする女性を探していると、大久米命が、

「このあたりにひとりの乙女がいます。神の娘です」

と言う（以下しばらく、富登多多良伊須須岐比売命《ほとたたらいすすきひめのみこと》が生まれるいきさつが語られる）。三島の湟咋《みぞくい》の娘で、名を勢夜陀多良比売《せやだたらひめ》という者の容貌が美しかったために、三輪の大物主神が一目惚れし、その娘が大便をしているときに、（大物主神自身が）赤く塗った矢になって、溝を流れてきて乙女の陰部を突いた。乙女は狼狽えて走り回り、その矢を床のそばに置いたところ、矢は立派な男性になった。大物主神は乙女を娶って、生まれた子の名が富登多多良伊須須岐比売命と言い、またの名を比売多多良伊須気余理比売と言った。このため、神の子なのだった。

高佐士野《たかさじの》（不明）で、伊須気余理比売《いすけよりひめ》ら乙女が野遊びをしていて、大久米命が神武の気持ちを伝えさせ、伊須気余理比売は応じたので、神武《じんむ》天皇は狭井《さい》川（大神神社と狭井神社の間を流れる）に暮らしていた伊須気余理比売のもとを訪ね、一晩寝床をともにした……。

ここで生まれた新たな謎は、神武の妃になった娘の父が事代主神と大物主神のふたとおりの伝承が残されたことだ。

『日本書紀』は神武の正妃は事代主神の娘だといい、『古事記』は、大物主神の娘だと言っている。なぜ、どこで、話が入れ替わったのだろう。

一夜婚と出雲神

塚口義信《つかぐちよしのぶ》は、『日本書紀』と『古事記』で、比売多多良伊須気余理比売の父が大物主神と事代主神の二つに分かれたことに関して、これらの謎を解く鍵は、神武天皇とイスケヨリヒメの「一夜婚（一宿御寝坐《ひとよみねしま》しき）」に秘められていると言う（『ヤマト王権の謎をとく』学生社）。

『日本書紀』雄略天皇元年春三月の条に、次の説話がある。

この月、天皇は三人の妃を立てた、春日和珥臣深目《かすがのわにのおみふかめ》の娘・童女君《おみなぎみ》が女子を産んだ。童女君は元は采女《うねめ》だ。天皇は、一夜で妊娠したことに疑いをいだかれた。すると物部目大連《もののべのめのおおむらじ》が、「しからば、一晩に何回お召しになられたのでしょう」と問うと、「七たび」とおっしゃる。物部目大連は、「お疑いにならられぬように」と、諫めた……。

真面目に訳しても、笑い話にしかならないのだが、塚口義信は、ここで「采女」に注目している。地方豪族が天皇に差し出した一族の近親の未婚の女性だ。

桓武《かんむ》天皇の時代、延暦《えんりやく》十七年（七九八）に出された太政官符に、次の話が載る。出雲国造が新任式の時、百姓《おおみたから》の女子を大勢娶っていて、朝廷はこの慣習をやめるように命令している。ただ、儀礼の一つだったので、なかなかやめられず、国司《こくし》（国造ではない）が仲介し、一人だけ占いで決めるようにしたという。九州の宗像《むなかた》大社でも、同じような案件があったというのだ。ふたつの神社だけではなく、広く行われていた「儀礼」なのだろう。

これは要するに一夜婚で、神社の巫女と天皇の采女は、共通点をもっていたことになる。

『古事記』の天孫降臨《てんそんこうりん》神話にも、一夜婚が記録されている。

ニニギ（天津日高日子番能邇邇芸命《あまつひこひこほのににぎのみこと》）が笠沙《かささ》の御前《みさき》（鹿児島県南さつま市笠狭《かささ》町の野間《のま》岬）で美女に出逢う。名を問うと、大山津見神の娘で、名を神阿多都比売《かむあたつひめ》（またの名を木花之佐久夜毗《このはなのさくやび》売《め》）だという。ふたりは伴に一晩過ごした（一宿《ひとよ》、婚《あひ》を為《し》き）。

ここで、やはり一夜婚が記されている。『日本書紀』は、同じ場面で、ニニギは阿多隼人《あたのはやと》の住む吾田《あた》の長屋の笠沙碕《かささのみさき》に着き、土着の神から土地を献上されている。これは、国譲りであり、一夜婚も、土地の巫女と結ばれることで、統治権を奪う意味があると、塚口義信は言う。

そして、神武天皇の正妃の父親が『日本書紀』は事代主神《ことしろぬしのかみ》で『古事記』は大物主神だった。その理由も、ここにあるという。

そもそも、塗矢伝説は山城の賀茂《かも》氏が語り継いできたもので、一夜婚（儀礼）であり、しかも本来は事代主神が主役だったと考えられるとした上で、『古事記』はあえて、事代主神を大物主神に入れ替えてしまったという。

塚口義信は、大物主神をヤマトの土着の神と推理し、神武はヤマトの土地の神の娘を娶ることによって、ヤマトの支配権を獲得したという歴史があったというのだ。そしてそれは、男性の王を力で屈服させただけでは完ぺきではなく、「宗教的女君（ヒメ）」を服属させる必要があったと言う。だから必然的に、ヤマトの地主神である大物主神を祀る巫女を、神武は正妃に立てたのではないか、と言う。したがって『古事記』は、本来事代主神だった父親を、大物主神にすり替えたのだろうという。

この発想は貴重だが、ヤマト建国、大物主神、事代主神に関しては、もっと複雑な要因が隠されているため、反論は用意してある。

ひとつだけ付け加えておくと、塚口義信は神武《じんむ》東征《とうせい》に関して、武力でヤマトを平定したと言うが、この常識こそ、疑うべきだったのだ。神武は、強い王ではなく、彼こそ「とある神」を祀るためにヤマトに招かれたことを、のちに証明してみせる。

ここで再確認しておきたいのは、『日本書紀』と『古事記』どちらも、神武天皇や黎明期のヤマトの王たちがヤマトで正妃に立てたのは、出雲神の娘や末裔だったと話を設定している、という事実である。

ここに、出雲とヤマトの不思議な関係が隠されているということを、まずおさえておきたい。

丹塗矢と「カモ」

「ヤマトの出雲神」「神武の出雲系の妃」「二柱の出雲神の娘」の意味をどう考えれば良いのだろう。

答えを出すには、遠回りをしなければならない。ヤマト黎明期の妃に出雲神の娘が選ばれた理由を突きつめていくと、深い物語が秘められていることに気づかされる。ヒントはある。唐突ながら、「カモ」に注目しておきたい。

『山城国風土記』逸文（『釈日本紀《しやくにほんぎ》』）の「可茂社《かものやしろ》」条に、次の話が出てくる。ここにある「カモ」と「丹塗矢《にぬりや》」が大切なヒントだ。

賀茂建角身命《かもたけつみのみこと》は丹波国《たにはのくに》の神野《かみの》の神伊可古夜日女《かむいかこやひめ》（兵庫県丹波《たんば》市氷上《ひかみ》町の式内社神野《しきないしやかむの》神社の祭神）を娶って生まれた子は名を玉依日子《たまよりひこ》と言い、妹を玉依日売《ひめ》という。玉依日売が、石川の瀬見《せみ》の小川（京都市の下鴨神社境内の小川）に川遊びしていたとき、丹塗矢が川上から流れてきた。それを取って床の隅に置いた。すると孕み、男の子を産んだ。

男の子の名は賀茂別雷《かもわけいかづち》命と名付けられた。丹塗矢は、乙訓《おとくに》社（京都府長岡京市の乙訓坐火雷神社）に坐せる火雷《ほのいかづちの》神だ。

この説話では、大物主神や事代主神、あるいは神武天皇も登場しない。主役の神もみな異なる。ただ、先にあげたふたつの話と「丹塗矢」とは別の共通点が見出せる。それが「カモ」なのである。これはいったいどういうことだろう。

まず、『日本書紀』と『古事記』の説話に共通していたのは「三嶋」だった。『日本書紀』では「三嶋溝橛耳神の女」が登場したが、『古事記』では「三嶋の湟咋の女《むすめ》」だった。「三嶋」はすでに述べたように、淀川流域の地名であり、古くは摂津国嶋下郡《せつつのくにしましものこおり》で、『延喜式』嶋

下鴨神社〈賀茂御祖神社〉（京都市左京区）。西本殿に賀茂建角身命を祀る

下郡条に、溝咋神社が記録されていて、さらに「三嶋鴨《みしまかもがみ》神社（三島鴨神社）」の名があり、「鴨氏」と縁の深い土地だったことが分かる。近くに東奈良《ひがしなら》遺跡がみつかっていて、青銅器鋳造に関わる技術者が住んでいたことが分かっている。三嶋溝織姫の娘が媛蹈鞴五十鈴媛だから、タタラ（蹈鞴《たたら》）に関わる「鴨系」の人々が、このあたりに住んでいたことになる。

そこで「カモ氏」の祖・賀茂建角身命の素姓を、ここで語っておこう。

先ほど触れた『山城国風土記』逸文の可茂の社の前段に、次の記事が載る。

可茂社（京都左京区の賀茂御祖《みおや》神社、下鴨神社）。可茂という地名の由来は、以下のとおり。日向の曽の高千《たかち》穂峯《ほのたけ》に天降ってきた賀茂建角身命は神倭石余比《かむやまといわれひ》古《こ》（神武天皇）を先導し、ヤマトの葛木《かつらき》山（葛城《かつらぎ》山）の峰に宿り、そこから少しずつ移動し、山代国の岡田の賀茂（京都府木津川市加茂町。木津川の岸辺。岡田鴨神社が鎮座する。このあたりの木津川は、かつては鴨川と呼ばれていた）に至った。そのまま山代河《やましろ》（木津川）を下り、葛野河《かどの》（桂川・葛野川《かどの》）と賀茂河（賀茂川）との合流点にいたり、賀茂川の上流の方角を眺め、述べられた。

「狭くはあるが、石川の清流だ」

そこで、名付けて石川の瀬見の小川という。この川を溯《さかのぼ》り、久我《くが》国（賀茂川上流域の古い呼び名）の北の山基《やまもと》（上賀茂神社の西側。西賀茂の大宮の森。下鴨神社の旧社地。久我神社が鎮座）に鎮まった。その時から、名付けて「賀茂」と言う。

賀茂建角身命は神武東征で活躍したという。そして、はじめ葛城に留まり、さらに南山城を経由して下鴨神社の地に至ったわけだ。『新撰姓氏録《しんせんしょうじろく》』には、賀茂建角身命（鴨建津身命《かものたけつみのみこと》）は頭八咫烏《やたのからす》だという。神武を導いた功績により、葛野県《かどののあがた》を賜ったとある。

丹塗矢の話から、ついに頭八咫烏が出現してしまった。

「カモ」には二つの流れがある

頭八咫烏は熊野の山中で道に迷った神武一行を導き、ヤマト入りのお膳立てをしたと『日本書紀』は記録する。道に迷った神武天皇の夢枕にアマテラスが立ち「頭八咫烏を遣わすから、道案内させよ」と告げた。無事にヤマト入りに成功した神武は、功績のあった者たちに論功行賞を行い、その中に頭八咫烏も含まれていた。末裔は、葛野主殿《かずののとのもり》 県主部《のあがたぬしべ》だとある。葛野は京都府葛野郡（京都市北区の一部、右京区、西京区の一部・下京区の一部・中京区の一部）と愛宕《おたぎ》郡（左京区の一部、東山区、北区の一部）の地域で、「主殿」は、宮中の雑事を司る者の意味だ。

このように、下鴨神社の祖は葛城と南山城を経由してきたが、「カモ」にはよく似た天神系と地祇系、二つの系統がある。

（1）［天神］賀茂建角身命の末裔氏族で、山城国葛野に拠点を築き賀茂別雷《かもわけいかづち》 神社や賀茂御祖《みおや》神社（下鴨神社）を祀る鴨県主《かものあがたぬし》。

（2）［地祇］大田田根子《おおたたねこ》の孫・大鴨積命《おおかもつみのみこと》を祖とする賀茂朝臣《あそん》（『先代旧事本紀《せんだいくじほんぎ》』『新撰姓氏録』）。大和国の葛城地方（御所市）を中心に活躍し、アジスキタカヒコネ（味耜高彦根神《あじすきたかひこねのかみ》。高鴨阿治須《たかかもあじす》岐託彦根命《きたかひこねのみこと》 神社）や事代主神（鴨都波八重事代主命《かもつはやへことしろぬしのみこと》 神社）を祀る。

（2）の大田田根子は、大物主神の子で、大神神社を祀る三輪氏と同族になる。

ただ、両者にはなぜか共通点がある。それが「丹塗矢」と「葛城」で、天神系の下鴨神社も地祇系の大物主神も、どちらも丹塗矢伝説を持つ。そして、どちらも葛城と縁が深い。これは、偶然なのだろうか。

井上光貞《いのうえみつさだ》は、両者は同一と推理している。

頭八咫烏の末裔は葛野主殿県主部で、「県主」は地名を名に負うのだから、葛野を拠点にしたことが分かる。一方「鴨県主」の「鴨」は地名ではなく「神」で、鴨県主は山城のどこかの県主だったが、神官化する段階で、「カモ県主」を名乗り始めたというのだ。そして頭八咫烏伝承は、賀茂氏の職掌から創作されたと言い、さらに、頭八咫烏も賀茂建角身命も、神武東征の嚮導者（道案内役）という共通点を持ち、その末裔の彼らは、「同一の氏であるとみるのが自然である」と指摘したのである（『井上光貞著作集　第一巻　日本古代国家の研究』岩波書店）。

その通りなのだが、当の山城の賀茂氏は、ヤマトの鴨とは、別だと強く主張する。その理由はなんだろう。

ひとつの考えに、山城の賀茂氏が秦《はた》氏に婿入りするようにして傘下に入ったこと、ある時期から山城の賀茂氏が「天神」でヤマトの鴨が「地祇」の部類に振り分けられたため、「賀茂」が過去の来歴を自家と切り離そうとしていた可能性も否定しきれない。

いずれにせよ、天神系も地祇系も、葛城で接点を持っていることは間違いなく、井上光貞の推理するように、両者の根っ子は一緒だろう。

事代主神と「カモ」のつながり

ここで「カモ」に引っかかってくるのが、事代主神なのだ。

『出雲国造神賀詞』には、事代主神が出雲を代表する神の一柱に選ばれ、王家の守神として宇奈《うな》

鴨八重事代主神を祀る河俣神社（奈良県橿原市）　撮影：杉本悦子

提《て》（雲梯《うなて》）に鎮座するとあった。『延喜式《えんぎしき》』「神《じん》名帳《みようちよう》」の高市郡の五四座（大三三、小二一）の中で、筆頭に掲げられている由緒正しい神社で、「高市御県坐《たかいちみあがたにます》　鴨《かもの》　事代主神社」がこれだ。現在の祭神は鴨八重事代主神で、河俣《かわまた》神社と呼ばれている（橿原《かしはら》市雲梯町）。

大海人皇子《おおあまのみこ》が壬申《じんしん》の乱（六七二年）に際し、戦勝祈願する場面が『日本書紀』に記されているが、このとき事代主神が登場し、鎮座していたのは、まさに高市御県坐鴨事代主神社＝河俣神社と考えられている。

『三代実録《さんだいじつろく》』には、貞観《じようがん》元年（八五九）正月二七日、従二位の「高市御県鴨八重《かものやへ》事代主神」が、葛城の神々とともに従一位に昇叙されたとある。ちなみに、この時大和国で正一位の地位にあった神は大己貴神で、それにつぐ。

ここで注目したいのは、事代主神や神社の名に「鴨」の一文字が冠せられていることで、葛城と山城国（葛野）の「カモ」とのつながりを想定したくなるのである。

事代主神の雲梯の河俣神社は「聖点」という観点からもつながっている。

奈良の河俣神社と京都の賀茂御祖神社は同経度上に乗っている（つまり、ぴったり南北に位置する）という話を聞いたことがある（話の出所が定かではない）。

噂にすぎないと聞き流していたが、実際に調べてみれば良いわけで、どちらの神社も確かに「東経一三五度七七分」に位置し、正確に南北に並んでいたことが分かったのである。

神社や古墳や霊山を結ぶ聖なるラインを古代人が強く意識していて、現代人も舌を巻くような正確な測量を行っていたことが次第に分かってきたが（一三二頁で説明する）、河俣神社と賀茂御祖神社の配列は、偶然ではないだろう。賀茂御祖神社（下鴨神社）は事代主神を無視し、「ヤマトのカモと山城のカモは別系統」と主張し、事実『新撰姓氏録』も、ふたつの系譜を「天神と地祇」に振り分けている。しかし、「鴨事代主神」が祀られる河俣神社と「賀茂建角身命」が祀られる賀茂御祖神社に、強いつながりと因縁が隠されていたと疑わざるをえないのである。

ちなみに賀茂御祖神社の創祀に関して、諸説ある。鎌倉時代に鴨長明《かものちょうめい》は、天武天皇の時代に大和国高鴨から遷し祀られたと記録している。しかし、上賀茂神社の創祀は古いが、賀茂御祖神社は少し下り、和銅《わどう》年間（七〇八～七一五年）に記された『山城国風土記』に賀茂御祖神社の記事がないところから、奈良時代中期の創祀と考えられるようになった。

一方、上賀茂神社はすでに述べたように、『山城国風土記』逸文の賀茂社の条に、祭神の賀茂建角身命は、葛城山から南山城の岡田に遷り、さらに賀茂へやってきたと記録するが、大和岩雄《おおわいわお》は鴨氏らの移住には、雄略《ゆうりやく》天皇がからんでいると指摘している。雄略天皇は五世紀後半に、葛城氏を滅ぼしているが、秦氏を日本に連れてきたのは葛城氏で、秦氏ははじめ葛城周辺に集住していた。これを、政権強化のため、交通の要衝である岡田に鴨氏とともに移し、このあと（雄略朝から清寧《せいねい》朝にかけて）、鴨氏と秦氏は北上し、賀茂川を溯って、京都盆地の北部に定住したという（『日本の神々　神社と聖地5　山城・近江』谷川健一編（白水社）。

ここで明らかにしたいことは、なぜヤマトと山城のふたつの「カモ」は、系譜を異にしていくようになったのか、である。大元をたどればいっしょだが、奈良時代末から平安時代にかけて、藤原氏が独裁権力を握り、さらに天智系の王家と藤原氏が平城京を捨て、都を長岡京と平安京に移した段階で、山城の「カモ」は、ヤマトの「カモ」と縁を切って、秦氏とともに山城の有力者として地の利を活かし、政権内部で活躍するためにも、ヤマトの旧勢力から離脱したのが、本当のところだろう。

神武天皇は実在したのか

「カモの謎」はのちに大きな意味を持ってくるが、そこにたどり着くには、しばらく遠回りをしなければならない。

ここで、神武天皇について考えておこう。ふたつの「カモ」は神武東遷説話をきっかけにして歴史に登場しているのだから、神武天皇を知る必要がある。ただし、すでに他の拙著の中で詳しく述べてきていることなので、簡単に説明したい。ちなみに、神武天皇を調べていくと、再び姿を現すのが、事代主神なのだ。「ふたつのカモ」問題は、次第に「カモの事代主神」に移っていく。

神武東征については、さまざまな考えがあった。邪馬台国北部九州説が優勢だった時代には、北部九州の強大な勢力（それが邪馬台国）が東に遷ってヤマトは建国されたと推理されていた。『日本書紀』や『古事記』が「神武は南部九州からやってきた」と言っているのは、天皇家の歴史を古く遠くに見せかけるためだと説明された。しかし、考古学はこの仮説を否定している。

戦後、渡来人が日本列島を席巻してしまったのだという仮説が評価され、騎馬民族日本征服説も登場して一世を風靡したが、考古学によって「西から東への武力の移動」は、想定できなくなった。かつての常識は、ことごとく覆されたのだ。

問題は、神武が南部九州からやってきたという設定にある。これは、絵空事なのか。それとも……。そもそも、神武天皇は実在したのだろうか。

三世紀、北部九州に押し寄せたヤマト勢力を束ねていたのは、仲哀天皇と神功皇后《じんぐうこうごう》だった。『日本書紀』に従えば、ここでヤマト勢力は南下し、山門県《やまとのあがた》の女首長を攻め滅ぼしている。

山門県は邪馬台国北部九州説の最有力候補地であり、ここが邪馬台国だったことを『日本書紀』編者も分かっていたのだろう。また、「魏志倭人伝《ぎしわじんでん》」は卑弥呼の最晩年、邪馬台国の南方の狗奴国《くなこく》と交戦していたとあって、この狗奴国こそ、じつは奴国そのものであり、さらに奴国と手を結んだヤマト政権ではないかと筆者は推理する。

山門県の邪馬台国からみれば、奴国は「ヤマトに寝返った犬」で、だから「奴国＋ヤマト政権」をひとくくりにして「狗（犬の）奴国」と呼んだのだろう。ならばなぜ、北や東から攻めてきたのに、「南の敵」と、卑弥呼は魏に報告したのか。ここで、江戸時代の国学者・本居宣長《もとおりのりなが》の推理が、大いに役に立つ。

本居宣長は、次のように説明する。

「魏志倭人伝」に登場する卑弥呼の邪馬台国は北部九州にあったが、本当の邪馬台国はヤマト（大和）にあったと推理した。ヤマトに対抗するために、魏に使者を送り「われわれがヤマト」と偽り、親魏倭王の称号を獲得したという。これが、邪馬台国偽僭《ぎせん》説だ。

すでに江戸時代に、邪馬台国論争は、ほぼ決着していたと思う。考古学がヤマト建国を説明してくれたことによって、偽僭説は輝きを取り戻したと思う。そして、ニセのヤマト＝邪馬台国は、「東や北からヤマトが攻めてきた」とは魏に報告できなかったのだろう。

それはともかく、この戦いで卑弥呼は滅ぼされ、ヤマト政権側は、「親魏倭王殺し」のレッテルを貼られることを恐れ、神功皇后を女王に立てたのだと思われる（詳細は後ほど）。神功皇后は豊浦宮（山口県下関市。トヨの港の宮）に拠点を構え、ここで海神から神宝を授かるなど、多くの場面で海の女神「トヨ（豊）」と接点を持っていて、邪馬台国の「トヨ（台与）」は、神功皇后だろう（拙著『台与の正体　邪馬台国・卑弥呼の後継女王のゆくえ』河出書房新社）。

問題は、このあと台与が歴史からフェードアウトすること、北部九州の奴国が一気に没落し（考古学的に明らか）、ほぼ同時に、出雲や山陰地方が、衰退してしまったことなのだ。ここで、何が起きていたのか。

神武東遷の真相

北部九州に押し寄せたヤマト勢力は奴国を足がかりにしていたが、その奴国の貴種たちが「亡命」「離散」したときに、後漢からもらい受けたお宝を志賀島に埋めていったのではないかと推理されている。それが、志賀島《しかのしま》の金印（漢委奴国王《かんのわのなのこくおう》と刻まれていた）で、大分県日田市から偶然みつかった金銀錯嵌珠龍文鉄鏡《きんぎんさくがんしゆりゆうもんてつきよう》や金銀装円頭大刀《きんぎんそうえんとうたち》なども、やはり奴国勢力が追いやられてこの地から逃げるときに埋めたのではないかとする推理がある。その通りだろう。

中国では魏が晋《しん》に入れ替わり、魏を「虎の威」にしていたトヨ＝神功皇后の邪馬台国は、後ろ盾を失い、ヤマト政権に追われたのだろう。そして神功皇后と子供たちは、奴国の海の民（おそらく阿曇《あずみ》氏）に導かれ、南部九州に逃れたに違いない。これが、出雲の国譲りと天孫降臨神話になった。出雲の国譲りの本当の事件現場は、奴国と北部九州である。

台与＝神功皇后を裏切ったヤマト政権は、瀬戸内海勢力（吉備）が主導権を握っていた。『日本書紀』は実在の初代王・崇神天皇の母と祖母は物部系と言い、要はこの人物が吉備出身だったことを示している。崇神天皇は大物主神の祟りに苦しめられ、大物主神の子を探し出して大物主神を祀らせたら、世の中は平穏を取り戻したという。ここに登場する大物主神の子こそ、神武天皇だったことは他の拙著の中で述べたとおりだ（『応神天皇の正体』河出書房新社）。

ヤマト黎明期の王は、王位に就いた順番に（1）東海系ナガスネビコ、（2）吉備系崇神（ニギハヤヒ）、（3）日本海系神武と、入れ替わった。（1）と（2）は、権力を握っていただろうが、（3）の神武は、祭司王だ。実権を握り政治を運営したのは、瀬戸内海政権ということになる。

また、『日本書紀』は大物主神を出雲の大国主神と同一と記すが、ふたりの「格」が違うことはすでに触れてある。大物主神は、「日本を代表する鬼」で、だからこそ、恐ろしい祟りを振り撒いた。その正体は、「日本列島と朝鮮半島を自在に往還した日本海（タニハ）の王」であろう（拙著『アメノヒボコ、謎の真相』河出書房新社）。

なぜ改めて、出雲の国譲りと天孫降臨と神武東征の「本当は何が起きていたのか」を、語ったのかというと、神武天皇がヤマトに入ったことを、かつては「軍事侵攻」と考えられていて、それを起点に事代主命や大物主神の娘たちとの婚姻の意味を考えられてきたが、実際にはまったく違う事件だったこと、東遷の真相が明らかになったのだから、新たな視点で、「事代主命・大物主神問題」を見つめ直す必要がある、ということなのだ。

神功皇后の前に登場した事代主神

事代主神は、出雲の国譲りの場面で経津主神の要求を受け入れ、去って行った。ところが、歴史時代に入って、ひょんな場面で登場する。

『日本書紀』神功皇后摂政元年二月条に、次の記事がある。

三韓征伐《さんかんせいばつ》ののち、神功皇后らが新羅《しらぎ》から九州に凱旋し、さらに難波を目指していた時のできごとだ。皇后の船は進むことができなくなった。そこで務古水門《むこのみなと》(兵庫県尼崎市武庫《むこ》川河口)にもどりトうと、アマテラスが登場した。

「私の荒魂《あらみたま》を皇后に近づけてはならない。まさに今、広田国に坐さしめるのがよい(西宮市大社町の廣田神社)」

そこで、アマテラスを広田で祀らせた。また、稚日女尊《わかひるめのみこと》が現れ、「私は活田長峡国《いくたのながおのくに》にいたい」と言われたので、祀らせた(神戸市中央区の生田神社)。次に、「事代主尊」が現れ、「私を長田国で祀れ」とおっしゃるので、祀った。また、住吉三神が現れ、「私の和魂を大津の渟中倉《ぬなくら》の長峡《ながお》(大阪市住吉区)に坐さしめるがよい。往来する船を監視しよう」とおっしゃったので、教えのままに祀った。

事代主神はここで、稚日女尊とともに「尊」の尊称を与えられる。これはいったい何だ。しかも、神話で消えた事代主神が、なぜここで姿を現すのか。神功皇后と応神天皇と、どのような縁で結ばれているというのだろう。

時間を少しさかのぼる。じつは、『日本書紀』神功皇后摂政前紀(仲哀天皇九年春三月条に、同じ顔ぶれが登場している。仲哀天皇が亡くなったあと、神功皇后は「仲哀天皇に神託を下したのは誰なのか、その名を知りたい」と、祈ったのだ。七日七夜ののち、答えが返ってきている。

まずは、伊勢の撞賢木《つきさかき》厳之《いつの》御《み》魂《たま》天疎向津媛命《あまさかるむかつひめのみこと》（アマテラス）だ。突き立てた榊《さかき》（撞賢木《つきさかき》）に「厳《いつ》御魂（神）」が降臨する。「疎」は「離れている」で、都（皇居）から遠い地で祀られるアマテラスの荒魂を意味している。

「もっとほかにいらっしゃいますか？」という神功皇后の問いに答えて登場するのは、「尾田《おだ》の吾田節《あがたふし》の淡郡《あわのこおり》に坐す神」だという。「志摩《しま》国答志《とうし》郡」の神で、要は稚日女尊を指している（アマテラスの子か妹と考えられている）。次に現れたのは、天事代虚事代玉籤入彦厳之事代神《あめにことしろそらにことしろたまくしいりびこいつのことしろのかみ》だ。天に空に広く託宣する神で、「事代」とあるように、事代主神（言代主神）のことだ。

さらに神が出現し、「日向国《ひむかのくに》の橘小門《たちばなのおと》の水底にいて、水草の葉のように稚《わかやか》に芽《め》ぐみ現れる住吉三神」だという。

「ほかにいらっしゃいますか」と問うと、「あることもないことも知らない」と告げたという。

このように、瀬戸内海をヤマトに向かった神功皇后の一行の前に現れた神は、じつは、仲哀天皇が亡くなったとき、託宣を下した神々だったことが分かる。

これらの神々が、なぜ神功皇后を導き、助け、あるいは「指示、命令」しているのだろう。

この話、後々重要な意味をもってくるので、覚えておいてほしい。特に、稚日女尊と事代主尊のふたりに「尊」の尊称が与えられているところに、大きな意味が込められている。

事代主神の素姓

そこで、もう少し深掘りしておきたいのは、事代主神（言代主神）の素姓である。神武天皇が事代主神の娘を娶ったのか、大物主神の娘を娶ったのか、まだよく分からない。しかし、これまで見すごされてきた事代主神が、出雲の謎を解く意外なヒントを握っていたのではないかと思うようになってきた。

まず、出雲の国譲りの中で、大国主神は経津主神の要求に対し、「判断は子の事代主神に委ねる」と言い、事代主神が首を縦に振ると、それに従った。さらに、事代主神が出雲の中枢ではなく、島根半島の東の隅の三穂で釣りをしていたという設定も、妙にひっかかる。出雲の大ピンチに、政治判断した者が、周辺で遊んでいたのはなぜか……。

さらに、『出雲国造神賀詞』の中で、事代主神はヤマトの雲梯に鎮座したとあるが、葛《かつら》木坐一言主神社《ぎにますひとことぬし》の祭神・一言主神《ひとことぬしのかみ》（『日本書紀』に一事主）も、事代主神のことと思われる。明治時代に編纂された『神社明細帳《めいさいちょう》』には、一言主神社の祭神が事代主命と記録されている。「一言主神は事代主命」という言い伝えがあったのだろうか。

もっとも史学者の多くは、一言主神を葛城の地主神と考えている。また、事代主神とは別の神とみなしている。しかし、一言主神の影響力の大きさを考えるとき、また「葛城の主だった（アジスキタカヒコネと双璧をなしていた）」ことを考えると、一言主神が「ただの地主神」だった

アジスキタカヒコネを祀る高鴨神社（奈良県御所市）。全国鴨（加茂）社の総本宮

とは思えないのである。それだけ「葛城山」がヤマト政権にとって重要な山だったからである。

纏向に人びとが集まってきたとき、東海の人びとは「おおやまと」や盆地の東側に拠点を構えた。一方、吉備からやってきた人びと（物部氏の祖）は、すでに説明したように、河内に一端落ち着き、生駒山を支配することで、混沌としていた黎明期の主導権争いを、優位に進めたのだ。問題は、生駒山と同等か、それ以上の地政学的に重要な土地が葛城山系だったことで、ならば、だれがここをおさえたのだろう。

鉄器の過疎地帯だったヤマトの土着勢力が葛城山をおさえたとは考えられない。三世紀の日本列島で、西の前方後円墳に対し、東には前方後方墳が拡散していった。東西の雄の瀬戸内海勢力が生駒山を手に入れ、東海勢力が葛城山を確保した可能性は高いし、彼らが祀っていた神が、一言主神（事代主神）ではなかったか。そう考えるヒントを与えてくれるのが、一言主神や高鴨神社の祭神・味耜高彦根神《あじすきたかひこねのかみ》なのである。
そこで、葛城の一言主神とアジスキタカヒコネの説話を追っていこう。

アジスキタカヒコネと混同される一言主神

一言主神（一事主神）は、『古事記』と『日本書紀』の両方に登場する。五世紀後半の第二十一代雄略天皇の時代の話だ。

『日本書紀』雄略天皇四年春二月条には、葛城山に狩りに出かけた雄略天皇の一行の前に、天皇とそっくりな人物が出現したとある。素姓を問うと、神は現人神《あらひとがみ》であることを告げ、一事主神（一言主神）と名乗った。神は天皇を葛城山まで送り届け、人びとはこの様子を見て、雄略天皇を褒め称えたという。

いっぽう『古事記』の記事はまったく異なる。

雄略天皇は、自分たちの行列とそっくりな人たちと出会った。この国には、私以外に王はいないのに、あれはどういうことだと激怒すると、相手も同じ言葉を返してきた。そこで雄略天皇は怒って矢をつがえさせると、相手も同じように矢をつがえた。雄略天皇は名を問うと、

「吾は悪事《まがごと》も一言、善事《よごと》も一言、言ひ離《はな》つ神、葛城之一言主大神ぞ」

と名乗った。天皇は神と知り、恐れかしこまり、多くの品を献上し、拝礼した……。

なぜ、『日本書紀』と『古事記』では、正反対の記事が載っているのだろう。葛城の一言主神と雄略天皇は、仲がよかったのか、それとも反目したのだろうか。神が天皇を称えたのか、天皇が神にへりくだったのだろうか。『日本書紀』と『古事記』の記事からは、判断できない。

気になるのは、雄略天皇と「葛城」の争いのことだ。

雄略天皇は皇位継承候補ではなかったが、クーデターを起こして玉座を手に入れたのだ。そして、当時最大の権力を握っていた葛城氏を追い詰めている。いきさつは、以下の通り。

円大臣《つぶらのおおおみ》（葛城氏）の邸宅に、ひとりの皇子が救いを求めて逃げ込むと、雄略は兵を繰り出し、館を囲んだ。

「自分を頼ってきた追われびとを、なぜむざむざ引き渡すことが出来ましょう」

円大臣が皇子の引き渡しを拒否したので、雄略天皇は皆殺しにしてしまった……。

雄略天皇は、葛城氏や有力皇族を倒して即位したわけで、そのあと葛城の一言主神との邂逅説話が載る。いきさつ上、雄略天皇と葛城の神が、仲がよかったとは思えない。『日本書紀』の説話には、無理がある。

『続日本紀《しょくにほんぎ》』には、雄略は、一言主神を土佐に流してしまったと記録されている。『土佐国《とさのくに》風土記』逸文（『釈《しゃく》日本紀』）に、気になる記事が残されている。

土左の郡の西四里の場所に、土左の高賀茂の大社がある。その神のお名前は、一言主尊で、その祖はよく分からない。一説に、大穴六道尊《おおあなむちのみこと》（大己貴神）の子・味鉏高彦根尊だという……。

ここで、一言主神とアジスキタカヒコネが混同されている。どちらも葛城山麓で祀られる神で、アジスキタカヒコネは大己貴神の子で出雲神だ。『出雲国造神賀詞』に記された出雲を代表する四柱の神の中のひとりだ。また、『国造本紀』には記録されていないが、賀茂氏は土佐国造だったと考えられていて、彼らが祖神を祀っていたと推測されている。

ちなみに、『釈日本紀』には、雄略天皇が葛城山で猟をしていたとき、天皇の顔によく似た顔の「長人《ながひと》」の神が現れたこと、この神が一言主神で、不遜な言葉を吐いたので、雄略天皇は怒り、土佐に流したとある。ここにある「長人」は、のちに大きな意味を持ってくる。

葛城は東海とつながる

これら二柱の神々が鎮座する葛城、くどいようだが、ヤマトで主導権を握る上で、また、西側から押し寄せる敵を押し返すために、戦略上もっとも重要な場所だ。吉備は生駒山を支配して優位性を発揮したが、葛城も、同じ意味を持っていた。だれがこの山を奪うかは、ヤマト政権黎明期の最重要問題になっていたはずである。

古代より重要な場所だった葛城山。頂上から遠くに大和三山、眼下に大和盆地が広がる

東海勢力が、纒向にいち早く押し寄せ、葛城山を手に入れていたと推理しておいたが、そう思う根拠は、ふたつある。

まず第一に、葛城に高尾張《たかおわり》という地名があり、「尾張」と言えば、東海地方を代表する雄族《ゆうぞく》だ。ヤマト建国の前後の古い時代、葛城に尾張氏の祖の拠点があったのではないか。御所市のあたりで冶金《やきん》が盛んに行われていたが、その拠点付近に鎮座する「笛吹神社」はかつて天香具山命を祀っていて、尾張系とつながっている。

第二に、葛城山の頂からまっすぐ東にラインを引くと、伊勢内宮《いせないくう》に行き着く。正確には、内宮の背後の荒祭宮《あらまつりのみや》とぴったりと緯度が重なるという。これは、マイクロウェーブ・宇宙通信・データ通信の研究開発者・渋谷茂一《しぶやしげかず》がコンピュータを駆使して、日本各地の古墳や聖地を電算処理して「聖点」がどのように決まっていたのかを探ってみて、分かったことなのだ（『巨大古墳の聖定』渋谷茂一　六興出版)。ちなみに、古代の測量技術は優れていて、現代の水準とあまり変わらないことも分かったという。

伊勢神宮が今の形に整ったのは、七世紀後半から末にかけてのことで、それ以前は荒祭宮が、本来の伊勢の神を祀る場であったことがわかってきた。そして、ここにいう「伊勢の神」とは、『日本書紀』がいう女神のアマテラスではなく、伊勢湾沿岸部や東海地方の人びとが祀っていた神だった。

その荒祭宮を避けるようにして(ただし、なるべく近くに)造られたのが、内宮正殿だったわけだ。葛城山の真東にあって、太陽神のパワーを、伊勢から西に送っていたのが、荒祭宮であり、そのパワーのおこぼれを、内宮正殿がもらい受けていたことになる。

もう一度言うが、七世紀末よりも前の時代、伊勢の荒祭宮が本当の祭祀場で、東海とヤマトの葛城山をつなぐ聖点だったわけだ。祭祀を行なっていたのは東海勢力であり、彼らは、伊勢と葛城山を、聖地として崇めていたはずだ。

なにが言いたいかというと、葛城山に祀られていた一言主神とアジスキタカヒコネは、東海と強い縁で結ばれていて、しかも出雲の神でもあったところに、大きな意味が隠されていたのではないか、ということなのだ。そして、出雲国造家も、じつは東海系だったと、筆者は考える。

出雲の謎は、まさに東海勢力との本当の関係を明らかにすることで、解けてくると思う。だから、事代主命と一言主神に、言及したのだ。神武天皇が事代主命と大物主神のどちらの娘を本当は娶ったか、その答えを出すために、ずいぶんと遠回りをしたものだ(まだ答えは出ていないが)。

黎明期の王家はなぜ出雲神に気を遣ったのか

それにしても、なぜ現実のヤマト建国の中では脇役に近かった「出雲」の神に、黎明期の王家は気を遣ったのだろう。神武《じんむ》も欠史《けつし》八代《はちだい》も、架空の存在かもしれないが、それならばなぜ、『日本書紀』編者は、王家と出雲神の関係をあえて記録したのだろう。

ここで改めて確認しておきたいことがある。弥生時代後期の日本列島の激動の時代の歴史は、『日本書紀』編者によって、旧出雲国に押し込められ、神話化され、色々な地域の英雄たちも、「出雲神」に仕立て上げてしまったのではないか。だから、大物主神や事代主神も、「『日本書紀』は出雲の神と証言しているが、本当はよく分からない」のが、正解なのである（もちろん、出雲の神だったかもしれないが）。

神だけではなく、起きていた事件も、出雲で起きていたとは限らない。他の場所を想定する必要がある。

そして、ヤマト建国の考古学が進捗したことによって、『日本書紀』神話やヤマト建国説話を、考古学の物証と照らし合わせる必要が出て来たのだ。これまで、「創作」「絵空事」と見捨てられてきた神話や神事じみた説話の裏側に、何かしらの真実が隠されていた可能性を探るべきだ。

さらに『日本書紀』は天皇家の正統性を訴えるために書かれたと信じられていたが、実際には藤原不比等が藤原氏の正義をでっちあげるために書かれたとわかったし、三世紀に遡り、藤原氏は政敵の活躍を抹殺する必要に迫られたことを、考慮に入れる必要がある。

『日本書紀』はヤマト建国の真相を隠したが、愉快犯のようにところどころ、史実を残している。そこに考古学を当てはめればよいのだ。ここでは「ヤマト建国」の考古学と『日本書紀』の記事から、「神武の時代」の具体的な物語を組み立ててみたい。

神武天皇と神功皇后は同時代人

『日本書紀』は神武天皇が南部九州からヤマトにやってきたとき、すでにニギハヤヒが舞い下りていて、先住のナガスネビコの妹を娶って王に立っていたと記録する。

つまり、ヤマトを支配していた順番は、（1）ナガスネビコ（2）ニギハヤヒ（物部氏の祖）（3）神武天皇（天皇家の祖）の順番になる。

このなかでナガスネビコは、ヤマトの土着勢力と考えられてきた。しかし、考古学が進展し、三世紀の纒向に、方々から人が集まってきていたことが分かり、さらに、東海系の人びとが「おやまと」に最初にやってきた可能性が高くなってきた。しかも、纒向の外来系の土器の内、約半数が東海系だった。

纒向出現直前までのヤマトは、鉄の過疎地帯であり、ヤマトの先住の人びとは、発展に消極的だったようなのだ。とすれば、ヤマト土着の指導者が新生ヤマトの王に立ったとは考えにくい。つまり、ナガスネビコがいちはやく、東海地方からヤマトにやってきた纒向政権（ヤマト政権の前身）の初代王ではなかったか。

次にニギハヤヒは、天上界から天磐船に乗ってヤマトに舞い下りたと『日本書紀』は言うが、ニギハヤヒの末裔の物部氏は河内を拠点にして、前方後円墳体制の主役であり続けた。この姿は、「吉備」の思惑と一致している。ニギハヤヒは吉備からやってきたのだろう。

このナガスネビコとニギハヤヒと神武天皇の『日本書紀』に描かれた物語は、考古学が明らかにした「いくつもの地域の人びとが集まってきてヤマトが産声を上げた」というヤマト建国を、そっくりそのままなぞっていたことが分かる（なぜ神武天皇が南部九州からやってきたのか、という謎はすでに「大物主神の子」と、説明してある）。

そしてもうひとり、ヤマト建国前後の日本列島の大きな潮流を体現していたのではないかと思われる女傑が存在する。それが、第十五代応神天皇の母・神功皇后なのである。実在の初代王が第十代とすれば、時代が合わないが、これこそ、『日本書紀』が仕込んだカラクリなのだ。神功皇后は、ヤマト建国前後の人物だ。

神功皇后は北部九州に乗り込み、筑後川を渡り、山門県（福岡県みやま市瀬高町《せたか》）の女首長を成敗している。拠点にしたのは橿日宮（福岡県福岡市）で、「魏志倭人伝」に描かれた奴国の領域だ。三世紀にヤマトと山陰勢力が奴国になだれ込んでいたことは、すでに触れてある。その奴国をヤマトが支配するなら、ここしかないという場所に、橿日宮はある。

纏向に定型化した前方後円墳・箸墓（箸中山古墳）ができるまで、初期型（纏向型）の前方後円墳が西日本を中心に広まっていくが、北部九州にも伝わっている。その分布域が、まさに神功皇后の行動範囲とほぼ重なっている。逆に、神功皇后が攻め滅ぼした山門県（福岡県みやま市）の一帯は、前方後円墳の空白地帯だった。神功皇后は初期型の前方後円墳の分布域に拠点を構え、前方後円墳を拒否した地域を攻めていたことになる。

神功皇后摂政紀には、「魏志倭人伝」の邪馬台国の引用記事があり、『日本書紀』編者は、神功皇后が邪馬台国のヒミコかトヨだった可能性があるとほのめかしている。

もちろん通説は、神功皇后は四世紀後半の人物で、邪馬台国と重なるはずがないと、この記事を無視する。干支二巡（六〇×二＝一二〇年）、時代を移してしまっているというのだ。第十代崇神天皇がヤマトの初代王とすれば、第十五代応神天皇の母が、崇神天皇の活躍した時代と重なるはずがないという。これが「常識的な発想」でもあり、普通ならこう考える。

しかし筆者は、初代神武天皇と第十五代応神天皇を、同一人物で、第十代崇神、第十一代垂仁天皇と、同時代人とみなす。

その根拠を、示しておきたい。

ヤマト建国の考古学をぴったりなぞっていた神功皇后

第十代崇神天皇と第十一代垂仁天皇の和風諡号《しごう》には、「イリヒコ」がつく。ただ、「イリヒコ」の王家は、ここで途切れ、第十二代景行天皇から第十四代仲哀天皇に至る三代の天皇には、「タラシ（ヒコ）」がつくようになる。また、初代王・崇神天皇の母と祖母は物部系で、この人物が物部氏の祖のニギハヤヒだったことを暗示している。

ニギハヤヒはナガスネビコの妹を娶り、生まれた子・可美真手命《うましまでのみこと》（宇摩志麻遅命《うましまじのみこと》）の末裔《まつえい》が、物部氏になっていく。ヤマトの一番目の王・ナガスネビコの妹を二番目の王・ニギハヤヒ（崇神天皇）が娶ったことによって生まれたのが、可美真手命であり、この人物が、垂仁天皇であろう。

イリヒコの二人の王の宮は、纏向と隣接した地域だ。まさに、彼らこそ、ヤマト黎明期の王にふさわしい。その一方で、タラシの王家は、どうだろう。景行天皇ははじめ纏向に宮を置いていたが、のちに近江（滋賀県）に遷り、タラシの王たちはここに拠点を据えている。

第十代と第十一代の王が三輪山の麓に宮を構えたのに、なぜ「タラシの王」は、近江を選んだのだろう。

気になるのは、崇神天皇が物部系で吉備出身と考えると、彼らは纏向で「前方後円墳勢力の王」として、前方後円墳の造営と発展と拡散に寄与した人びとであり、かたや近江の地は、前方後方墳発祥の地であり、三世紀は「西の前方後円墳」と「東の前方後方墳」の分布圏で拮抗し、にらみ合っているかのように見えることだ。三世紀後半から四世紀にかけて、纏向で完型化した前方後円墳が誕生し、みるみる前方後円墳が各地で選択されていくが、ヤマト建国の黎明期、前方後円墳と前方後方墳は、勢力圏を分かち合っていた。

つまり、前方後方墳が生まれた土地に「タラシの王」が暮らしていたという『日本書紀』の設定は、大きな意味を持っていたと思いいたるのである。タラシの王家は、前方後方墳文化圏からヤマトに乗り込んだ人びとではあるまいか。

タラシの王家の一員に、ヤマトタケルがいる。景行《けいこう》天皇の子で、第十三代成務《せいむ》天皇とは兄弟の関係になる。また、神功皇后の夫になる第十四代仲哀天皇は、ヤマトタケルの子なのだ。

すでに述べたように、神功皇后は北部九州に遠征を敢行しているが、仲哀天皇も行動をともにしている。これがヤマト建国前後の考古学とほぼ重なると言っておいたが、景行天皇とヤマトタケルも、九州を巡っている。ヤマトタケルの熊襲《くまそ》退治は、つとに名高い。『日本書紀』の中で、九州遠征（景行は親征）を敢行しているのは、タラシの王家と、七世紀の斉明天皇だけだ。そしてくどいようだが、ヤマト建国の考古学と、気味の悪いほどに重なっているのは、仲哀天皇と神功皇后の夫婦だけなのだ。

『日本書紀』編纂者はヤマト建国の歴史を知っていた

景行天皇から仲哀天皇にいたるタラシの王たちには、ひとつの共通の身体的特徴がある。それは、『日本書紀』も『古事記』も、身長が三メートルあったと記録していることなのだ。尋常な背丈ではないし、他の天皇に、このような記録はない。タラシの王たちは、巨人なのだ。

ヤマトタケルは熊襲征討に際し、童女（少女）の姿となってクマソタケルを騙し、まんまと宴会に紛れ込んで、クマソタケルの兄弟を殺している。ただ、身長が三メートルもあったのに、どうして少女に見えたのかという謎は残る（そこは物語なので、深く詮索する必要はないだろう）。

問題は、タラシの王家の始祖である景行天皇（オオタラシヒコ）のスネは長かったと『古事記』

に特記されていることだ。

前方後方墳体制側の王で、スネが長い人物といえば、ヤマトの最初の王ナガスネビコ（長髄彦）を連想するし、『古事記』編者は、意図的にオオタラシヒコ＝景行天皇の正体を暴露しようと目論んだにちがいない。

景行天皇（オオタラシヒコ）は第十二代だが、実際には、第十代崇神天皇よりも先にヤマトに入ったナガスネビコなのだろう。だから、『日本書紀』は第十代から第十四代の歴代天皇の系譜を縦に並べるが、実際は、第十代と第十一代の「イリヒコの王たち」と第十二代、第十三代＋ヤマトタケル、第十四代の「タラシの王」は、並行して時間が進んでいたはずである。だから、筆者は仲哀天皇と神功皇后は、崇神や垂仁の時代と、ほぼ同時ではないかと推理したのだ。

『日本書紀』の記事は五世紀ごろまで曖昧模糊としていて神話じみて、正確な歴史は残っていなかったと信じられてきた。しかし本当は、ヤマト建国の歴史を熟知していて、だからこそ、複雑怪奇なトリックを用意して、真実の歴史を闇に葬ったのだろう。

くどいようだが、『日本書紀』は藤原不比等が父親の中臣（藤原）鎌足の業績を礼讃し藤原氏の正義を証明するために書かれた文書で、藤原氏にとって最大の政敵は、蘇我氏と物部氏だった。

六世紀に蘇我氏と物部氏は仏教導入をめぐって激突したと『日本書紀』には描かれているが、実際には、中央集権化（律令整備）をめぐる争いだった。

律令整備の最大のネックは古代最大の豪族・物部氏だった。古墳時代に富と力を貯えた物部氏から、土地を奪い国家が集めて、民に再分配しなければならなかった。だから、物部氏が首を縦に振らなければ、律令整備は進まなかったのだ。

しかし両者は合意し、物部氏は土地と民を手放したと筆者は推理する。『日本書紀』に、この大事件は書かれていないが、そのあとの改革事業の進捗を見れば、七世紀前半の段階で、物部氏が蘇我氏に協力していたことは、明らかなことだ。

『日本書紀』も、蘇我氏の繁栄は物部氏の財力があったからといい、「蘇我氏が物部守屋を滅ぼして物部の富を略奪した」と、印象付けようとしているが、『元興寺《がんごうじ》伽藍《がらん》縁起《えんぎ》幷《ならびに》流記《るき》資財帳《しざいちょう》』には、大々王なる謎の女傑が現れ、物部氏に向かって「わが眷属《けんぞく》（一族よ）」と呼びかけ、蘇我氏との大同団結を呼びかけている場面がある。物部氏は国の未来のために折れて、蘇我氏と妥協して手を組んだのだろう。もちろん藤原氏は、この「美談」を抹殺して、話をすり替えた。

『日本書紀』は、蘇我氏と物部氏の祖が、ヤマト建国の時代に大活躍していたことを知っていたはずだ。だからこそ、彼らを大悪人にすり替えるためにも、ヤマト建国の真相を、三つの時代に振り分けることで、抹殺してしまったのだろう。

藤原氏は百済王家

『日本書紀』編者（と言うよりも編纂を命じた藤原不比等）がもっとも嫌っていたのが蘇我《そが》氏で、彼らの正体を抹殺するために、あらゆる手管を用いていた。『古事記』は蘇我氏の祖を建内宿禰《たけうちのすくね》（武内宿禰《たけのうちのすくね》）と言っているが、『日本書紀』は蘇我氏と武内宿禰をつなげていないし、蘇我氏の祖がだれなのか、語っていない。

ただし『日本書紀』は、武内宿禰が神功皇后の忠臣だったことを認めている。神功皇后の夫・仲哀天皇が急死したあと、武内宿禰とともに、新羅征討を断行し、凱旋後応神《おうじん》を産み落とし、ヤマトに向かったと記録する。

『古事記』の言うとおり、蘇我氏の祖が武内宿禰なら、そして、神功皇后がヤマト建国当時に活躍した女傑なら、『日本書紀』が蘇我氏と武内宿禰の関係を黙殺した理由が分かってくる。蘇我氏はヤマト誕生時からヤマトの中枢で活躍していた英傑であり、王家にとって頼もしい人物だったからだ。

『日本書紀』は七世紀の蘇我本宗家の改革事業を聖徳太子《しょうとくたいし》という架空の蘇我系皇族に一度預けた上で、聖徳太子の子供（山背大兄王《やましろのおおえのみこ》）とその一族を蘇我入鹿に攻めさせ、聖者一族を滅亡に追い込ませている。こうして蘇我入鹿を大悪人に仕立て上げることに成功した。そして、改革事業の手柄を、中臣（藤原）鎌足が横取りしたのだ。

ここでもう少し、藤原氏について考えておきたい。

藤原氏の祖の中臣（藤原）鎌足は、七世紀の日本に突然現れる。神祇伯《じんぎはく》任命を断り、中大兄皇子とともに、乙巳《いっし》の変（六四五年）でクーデターを断行する。蘇我本宗家の暴走は皇室の危機と主張した。政権転覆には至らなかったが、ボディーブローは確実に改革派の体力を奪っていった。

無視出来ないのは、『日本書紀』が、中臣鎌足の父母の名を伏せていることだ。

古代史最大の英雄である中臣鎌足の素姓が分からないのはなぜか。当時神祇官という組織がなかったから、神祇伯任命はあきらかな嘘であり、役職もない素浪人のような中臣鎌足が、なぜ皇位継承候補と目されていた中大兄皇子と肩を並べて歩けたのか、これもよく分からない。

筆者は、中臣鎌足は人質として来日していた百済王子・豊璋《ほうしょう》とにらんでいる（拙著『豊璋　藤原鎌足の正体』河出書房新社）。中臣鎌足は、中大兄皇子の生涯最大のピンチだった白村江《はくすきのえ》の戦い（六六三年）のとき、歴史から姿を消し、中大兄皇子の百済にさし向けた軍勢が大敗北を喫した後、ひょっこり中大兄皇子の元に戻ってきている。中臣鎌足は豊璋で、百済に召還され、王に立っていたのだろう。豊璋は決戦の直前、勝ち目がないとみて、籠もっていた城から、倭の水軍の元に逃げている。『日本書紀』は、このあと豊璋は行方不明になったと言い、文書によっては、高句麗に逃げたという話も残されているが、倭の水軍に護られて、日本に戻ってきて、ふたたび中臣鎌足になったのだろう。

証拠がある。それが、戦前（一九三四年）に偶然みつかった阿武山《あぶやま》古墳（大阪府高槻市）で、中臣鎌足と深い縁で結ばれた土地だったこと、繡冠《しゅうかん》（織冠《しょくかん》）が出土し、日本では中臣鎌足と豊璋だけが下賜されたものだったこと、阿武山古墳は墳丘がなく、百済の王家の墓の造り方で、日本には他に存在しないこと、これらの状況証拠から、阿武山古墳の主が中臣鎌足で、百済系（王族）の人物だったことが分かる。

死の間際『日本書紀』編纂を急がせた藤原不比等は、藤原氏の素姓をもみ消し、蘇我氏や尾張氏らの正統な氏族の過去をも消してしまったのだろう。蘇我氏も尾張氏も、藤原氏の天敵であった。

阿武山古墳（大阪府高槻市）。京都大学の地震観測所建設の際に偶然発見された

出雲国造は東海系？

ここでひとつの仮説を掲げたい。出雲国造家と尾張氏のことだ。出雲にさし向けられた天穂日命は、東海系だったのではあるまいか。また、『日本書紀』の神話は、政敵でもあった東海系の活躍を抹殺する目的があったと思われる。

なぜ出雲の国造が、東海系と考えたのか、その根拠を示していこう。

尾張氏の祖は天穂日命で、『日本書紀』に従えば、出雲の国譲りの尖兵として送り込まれたが、出雲に同化して復命してこなかったという。ところが『出雲国造神賀詞』の中で出雲国造は、祖神の天穂比命（天穂日命）は、まず出雲を視察したあと、息子の天夷鳥命に経津主神を副えて、出雲に遣わし、荒ぶる神どもを平定させたとある。

出雲神に迎合してしまった天穂日命の末裔が、のちに出雲国造になるという『日本書紀』の設定には矛盾があって、こちらの話の方が整合性がある。ただ、『日本書紀』は、「出雲の国譲りを成功させたのは経津主神と武甕槌神のコンビ」と言っていて、『出雲国造神賀詞』の話と違う。武甕槌神が、天穂比命の息子の天夷鳥命に入れ替わっている。これはなぜだろう。

要するに、天夷鳥命（『古事記』は建比良鳥命《たけひらとりのみこと》）は武甕槌神ではあるまいか。くどいようだが、『日本書紀』は天穂日命が出雲神に同化してしまったから、最後の切り札に経津主神と武甕槌神を送り込んだとある。その後、なぜか、裏切り者の天穂日命が出雲国造に任ぜられている。この設定には矛盾がある。そこで出雲国造は『出雲国造神賀詞』の中で、「たしかに、天穂比命は出雲を視察しただけだが」、「天穂比命の子が、経津主神とともに出雲を追い詰めた」と繕い、うまく『日本書紀』の矛盾を解消しつつ、出雲国造の立場をアピールしている。つまり、『日本書紀』が「出雲潰しは経津主神と武甕槌神の手柄」とすでに説明しているのに、『出雲国造神賀詞』はあえて「武甕槌神ではなく天穂比命の息子」と唱えていたのだ。これは、無視できない。

もうひとつの問題は、藤原氏が武甕槌神を祖神と主張し、多くの史学者がこれを信じていることだ。このため、武甕槌神＝尾張系説はなかなか認めてもらえない。しかし、武甕槌神と藤原氏がつながったのは、『日本書紀』編纂後のことだ。

平安時代後期の歴史物語『大鏡《おおかがみ》』に、孝徳《こうとく》天皇の時代に内大臣になった中臣鎌子連《なかとみのかまこむらじ》（中臣鎌足）は常陸《ひたちの》国（茨城県）で生まれ、中臣（藤原）の氏神が祀られる鹿島神宮（茨城県鹿嶋市）に、歴代天皇が即位されるとき、御幣《ごへい》の使いが出されたという。また、平城京に都が遷った後、鹿島の神を都の東側の三笠山《みかさ》（御蓋山《みかさ》）に勧請し、春日明神として祀るようになった。

平城京遷都（七一〇年）の十年後、養老《ようろう》四年（七二〇）に完成した『日本書紀』は中臣氏の祖を天児屋命と言い、武甕槌神との関係に言及していない。中臣氏が当初祀っていた枚岡《ひらおか》神社（東大阪市）の祭神は天児屋命で、途中から武甕槌神を追加している。

すでに述べたように、藤原氏は百済王家の末裔で中臣氏の系譜にすべり込んで出自を何とかごまかしたが、中臣氏の家格と祖神のレベルの低さを、何とか改めようと考えたのだろう。そこで目をつけたのが、武甕槌神だったにちがいない。

藤原氏は平城京遷都の時点で、ほぼ権力基盤を固めたから、祖神を入れ替えようと模索したのだろう。ならばなぜ、武甕槌神だったのか。

『日本書紀』神代上第五段一書第六には、イザナミが火神《ひのかみ》・軻遇突智《かぐつち》を産んで焼け死んだこと、イザナキが軻遇突智を斬って生まれた子が経津主神と甕速日神《みかはやひのかみ》で、甕速日命は、武甕槌神の祖とある。

この武甕槌神と天児屋命を比べたら、格に大きな差がある。藤原氏は、中臣氏の祖神よりも武甕槌神を選んだのだろう。「格の差」が生まれたのは、ヤマト建国に貢献した名門・尾張氏が武甕槌神を祀っていたからだと思う。そう思う根拠を示しておく。

武甕槌神は東海系

『古事記』は建御雷（武甕槌神）と関わりの深い剣の名を「天之尾羽張《あめのおはばり》」「伊都之尾羽張《いつのおはばり》」と呼んでいる。ここで、剣の名に東海の雄族・尾張氏を連想させる「尾羽張」が副えられ、その伊都之尾羽張の子が武甕槌神だったとする。また、出雲征討に参画した武甕槌神を「迦具土神《かぐつちのかみ》」の末裔と言っている。「かぐつち」で思い浮かぶのは、ヤマトを代表する霊山・天香具山《あまのかぐやま》で、尾張氏の祖の名は、天香具《あまのかぐ》（語《ご》）山命《やまのみこと》であった。

武甕槌神は、歴史時代にも登場している。神武東遷時、神武一行は熊野で悪い神の毒気にやられ身動きができなくなっていた。武甕槌神は熊野の高倉下《たかくらじ》なる人物に霊験を授け、神武を救った。ここに登場する高倉下を、『日本書紀』は「熊野の人」としか書かないが、『先代旧事本紀』には、尾張氏の祖と証言している。武甕槌神が、ここでも尾張氏とつながっている。

『日本書紀』に従えば、出雲の国譲りを成し遂げたのは経津主神と武甕槌神の二柱だ。経津主神は物部系の神なのだが、歴史時代にいたっても出雲はいじめられ、その時にコンビを組んでいたのは、物部氏と尾張氏だった。

『先代旧事本紀』によれば、ヤマト建国ののち、物部氏の祖のウマシマヂと尾張氏の祖の天香語（具）山命は、越を開拓したとある。天香語山命は越の地に留まり、ウマシマヂは出雲の西側の石見《いわみ》に向かい、ここに留まり、出雲を監視するようになったという（島根県大田市の物部神社）。

「ヤマト建国のあと、物部と尾張のコンビが日本海の要衝に楔《くさび》を打ち込んだ……」

この伝承を軽視することはできない。瀬戸内海勢力（物部）と東海勢力（尾張）が手を組み、山陰地方を挟み込んでいたことになり、考古学が言う日本海の没落を裏付ける伝承となっている。やはり、武甕槌神と尾張氏の活躍は、重なって見える。そして出雲国造も、東海系ではあるまいか。

出雲国造家は四世紀以降、各地の首長たちが次々と前方後円墳を受け入れていく中、なぜか三世紀の東日本で盛行していた前方後方墳にこだわり続けている。

『日本書紀』は、天穂日命を出雲に同化してしまった神と描くが、出雲国造家自身は、天穂日命は子の天夷鳥命をつかわして、出雲を屈服させたと言い、しかも、天夷鳥命に副えたのは経津主神だと言う。すでに述べたように、天夷鳥命は「東海系の武甕槌神」ではなかったか。

ここで注目されるのは、東海系だったタラシの最後の王・仲哀天皇が、北部九州で亡くなっていたことだ。出雲の国譲りは北部九州で展開されていたと推理してきたが、仲哀天皇が出雲国造の祖と仮定すると、話は矛盾する。北部九州で仲哀天皇は「熊襲を討ちたい」と強く願い、これが神の怒りを買い、変死してしまった。

考古学と照らし合わせれば、ここで北部九州勢力とともに、仲哀天皇は滅亡したことになる。仲哀天皇は東海系なのに成敗される側にまわってしまっている。

「東海（尾張）」は分裂していた

ここでひとつ仮説を掲げておこう。すなわち、東海勢力は敵と味方に分かれたのではあるまいか。すこし説明しておく。

天孫降臨神話は、北部九州に押しかけた人びとと奴国の貴種の南部九州への逃亡劇と推理しておいたが、のちに神武がヤマトに遷り、即位する。なぜ零落した南部九州の王をヤマトが求めたのだろう。

崇神天皇の時代、疫病が蔓延し、人口が激減した。その理由は大物主神の祟りと分かったので、大物主神の子を探し出して、大物主神を祀らせると、ようやく平穏を取り戻したという。『日本書紀』はその子を大田田根子と言うが、神武天皇こそ、大物主神の子と信じられていたのだろう。大物主神は、出雲ではなく「タニハの王」「日本海を代表する王」であり、北部九州になだれ込んだ主体が、日本海勢力と東海勢力であり、瀬戸内出身の崇神天皇は、「日本海（大物主神）に恨まれている」と、恐れたのだろう。だからこそ、大物主神の子に大物主神を祀らせ、大物主神の子を祭司王に立てたのだろう。神武はこうしてヤマトの王に立った（拙著『応神天皇の正体』河出書房新社）。

問題は、神武のヤマト入りを拒む者と助ける者が現れたこと、しかもそれが、どちらも東海勢力だった可能性が高いことなのだ。

神武のヤマト入りを最後まで拒み続けたのはナガスネビコで、その結果ニギハヤヒ（崇神天皇）に殺されてしまう。

これに対し、神武が紀伊半島で困窮しているとき、味方についたのが高倉下と頭八咫烏だった。すでに紹介したように、高倉下は東海系であり、次章で触れるように、頭八咫烏も東海系だ。なぜ、東海系のナガスネビコは神武を拒み、同じ東海系の高倉下たちは、神武のヤマト入りに協力したのだろう。

もうひとつ確認しておきたいのは、天穂日命と出雲国造のことだ。何度も述べてきたとおり、『日本書紀』は天穂日命が出雲に同化してしまったと記録しているが、出雲国造自身は、天穂日命の子が出雲に圧力をかけて追い詰めたと言っている。出雲国造は東海系であり、とすれば、出雲国造の祖も、北部九州を敵視していたひとりであろう。

やはり、東海系は分裂していたとしか思えない。その理由はなんだったのか。そして仲哀天皇は、味方にも裏切られたことになる。

なぜ東海系は異なる道を歩み始めたのだろう。そして、神武天皇が出雲系の女性を正妃に迎えいれた理由も、何かしらの東海の悲劇がからんできたのだろうか。

次章では、出雲や東海の謎を解き明かすためのヒントとなるアジスキタカヒコネと天稚彦《あめわかひこ》にご登場願おう。

第四章　仲哀天皇の悲劇

アジスキタカヒコネはちょい役なのに大御神

ヤマト建国前後の北部九州遠征とヤマト政権内部の主導権争いによって、悲劇が生まれたのではなかったか。その大事件を、『日本書紀』は場所を出雲にすり替え、時空を歪め、いくつもの世代にわたってくり返し述べ、真相を闇に葬った。しかし、バラバラになった歴史記述のパズルを、考古学に照らし合わせて張り直していくと、新たな景色が見え始めたのである。

これまで絵空事と思われてきた神話と、歴史時代に入ったあとの「信憑性のない時間設定」の中に、真実が隠れていた可能性が出て来たのである。

ただし、だからといって「本当は何が起きていたのか」、明確な絵はまだ見えていない。そこで、注目してみたいのは、出雲の謎を解くための切り札・アジスキタカヒコネ（味耜高彦根神《あじすきたかひこねのかみ》）なのだ。

アジスキタカヒコネは大己貴神《おおあなむちのかみ》の子で、妹に下照姫《したでるひめ》がいる。そして、出雲神話の中で、活躍らしい活躍がなかったのに、なぜか『古事記』は、アジスキタカヒコネを「迦毛大御神《かものおおみかみ》」と呼んでいる（『日本書紀』には書かれていない）。これは見逃されがちだが、「大御神」の尊称を与えられたのは、イザナキとアマテラスだけだ。これはいったいどういうことだろう。

くどいようだが、アジスキタカヒコネは、神話の中で、活躍らしい活躍がない。しかも、天皇家と系譜がつながっているわけでもない。それにもかかわらず、アマテラスと同等の称号「大御神」を獲得しているのは、腑に落ちない。

出雲神と言えば、大国主神《おおくにぬしのかみ》（大己貴神）をすぐに思い浮かべるが、あの大国主神でさえ「大御神」の尊称をもらっていない。『日本書紀』は王家の敵が出雲と表現し、われわれもそう信じてきた。しかし『古事記』はなぜか、「アジスキタカヒコネは出雲神話のちょい役だけど、大御神」と、われわれに謎かけを仕掛けているのだ。

すでに述べたように、『古事記』は『日本書紀』の築いた「ウソの歴史」を、同じような内容で追いながら、ポイントポイントで「ここに嘘を見破るヒントがある」と、ほのめかしている歴史書だと思う。アジスキタカヒコネに「大御神」の尊称を与え、「アマテラスと同等の神」と証言している。史学者の多くは「この尊称の理由が分からない」と無視するが、ここに『古事記』編者の頓知と工夫が隠されているはずだ。

アジスキタカヒコネは、大きな秘密を握っているとしか思えない。忘れ去られた（と言うよりも『日本書紀』が隠滅した）出雲（あるいは日本海勢力）の偉大な神だったのではあるまいか。

そこで、アジスキタカヒコネについて考えてみたいが、まずは、天稚彦《あめわかひこ》の話から進めなければならない。アジスキタカヒコネと生き写しだったという神だ。

ただし、アジスキタカヒコネと天稚彦の話は、すでに他の拙著の中で詳しく語っているので、要点と結論だけを記しておこうと思う。

まずは、天稚彦の神話から。

天稚彦の悲劇

『日本書紀』神代　下《かみのよのしものまき》　第九段本文に、以下の説話が載る。


天上界の高皇産霊尊《たかみむすひのみこと》は天穂日命《あまのほひのみこと》を派遣し、地上界を平定しようと目論んだ。しかし天穂日命は、大己貴神におもねり媚びて、三年間復命してこなかった。そこで天穂日命の子を遣わしたが、父に従ってしまった。すると高皇産霊尊は、天国玉《あまつくにたま》の子の天稚彦を送り込んだ。雄壮な神だと評判だったからだ。天稚彦に天鹿児《あまのかご》弓《ゆみ》と天羽羽《あまのはは》矢《や》を授け、送りだした。

ところが天稚彦は地上界に下りると、顕国玉《うつしくにたま》（大己貴神）の娘・下照姫を娶り、出雲に同化してしまった。そして、

「私も葦原中国《あしはらのなかつくに》を統治しようと思う」

と宣言して復命しなかったのだ。高皇産霊尊は、天稚彦がなかなか復命してこないので、不思議に思い、無名雉《ななしきぎし》（使者）を遣わして様子をうかがわせた。無名雉は天稚彦の門の前の神聖な湯《ゆ》

津杜木《かつら》の梢に止まった。天探女《あまのさぐめ》（神託をねじ曲げたり、いたずらをする悪い精霊）が妖しい鳥の来訪を報告したので、天稚彦は高皇産霊尊から授けられた天鹿児弓と天羽羽矢をとり、雉《きざし》を射て殺した。するとその矢は、雉の胸を貫き、高皇産霊尊の元に届いた。その矢を見て高皇産霊尊は、「この矢は天稚彦に授けたもの。血が染みているのは、国神《くにつかみ》と戦っているということか」と述べ、矢を投げ下ろした。その矢は、天稚彦の胸に刺さった。この時天稚彦は、新嘗祭《にいなめ》（即位儀礼）のため臥せっていた。そこに矢が当たり、亡くなった。天稚彦の遺骸は天上界に送られ、葬儀が行われた。

これより以前、天稚彦は葦原中国でアジスキタカヒコネと友誼《ゆうぎ》を結んでいた。そこでアジスキタカヒコネは天上界に上り天稚彦を弔った。するとアジスキタカヒコネの容姿が生前の天稚彦にそっくり生き写しだったため、天稚彦の親族は、

「我が君は、まだ生きていらっしゃったのだ」

と、帯にすがり、喜び、涙した。アジスキタカヒコネは怒り、

「友の道として弔うのは当然のことだ。だからこそ、穢《けが》らわしいこともはばからず、こうして遠くからやってきて弔っている。なぜ、死者と間違えるのか」

と言い、腰に帯びていた剣・大葉刈《おおはがり》を抜き、喪屋《もや》を斬り伏せてしまった。喪屋は地上界に落ちた。今、美濃国《みの》の藍見川《あいみ》（岐阜県不破郡《ふわ》垂井町《たるい》の相川《あいかわ》）の川上にある喪山《もやま》がそれだ（垂井町の葬送山と考えられている）。

このあと、業を煮やした高皇産霊尊は、切り札の経津主神と武甕槌神を出雲に送り込み、国譲りを強要したのだった。

葛城や東海とつながるアジスキタカヒコネ

天稚彦とそっくりだったアジスキタカヒコネは、葛城《かつらぎ》で「尾張」と接点をもってくる。『出雲国造神賀詞《いずものくにのみやつこのかむよごと》』の中で、アジスキタカヒコネは王家の守神として葛城の神奈備《かんなび》に鎮座するとある。大和国葛上郡《やまとのくにのかつらぎのかみのこおり》の高鴨阿治須岐託彦根命《たかかもあじすきたかひこねのみこと》神社（奈良県御所《ごせ》市）だ。

すでに触れたように、この葛城という地域が、「尾張」とつながっているが、もう少し補足しておく。

神武東征の場面で、

「倭国《やまとのくに》の磯城邑《しきのむら》（三輪《みわ》山西麓の桜井市）に磯城八十梟師《しきのやそたける》が、高尾張邑《たかおわりのむら》（葛城地方）に赤銅八十梟師《あかがねのやそたける》がいて、天皇に歯向かい、戦おうとしている」

とある。

この高尾張邑を『日本書紀』の分注は「ある本には、葛城邑とある」と記す。葛城の高尾張という地名は、無視できない。

式内社《しきないしゃ》・葛木坐火雷《かつらぎにますほのいかづち》神社（葛城市笛吹）は、笛吹連《ふえふきのむらじ》が奉斎《ほうさい》していたが、『新撰姓氏録《しんせんしょうじろく》』は、笛吹連の祖を火明命《ほのあかりのみこと》と言う。火明命の子が天香山命《あまのかぐやまのみこと》で、笛吹連は、尾張系だ。

神武二年春二月条に、剣根なる者を葛城国造に任命したとあり、『先代旧事本紀《せんだいくじほんぎ》』（『天孫本紀《てんそんほんぎ》』）は剣根を「葛城土神剣根命《かつらぎのくにつかみつるぎねのみこと》」と呼び、その娘の加奈良知姫《かならちひめ》と天忍男命《あまのおしおのみこと》との間の子が瀛津《おきつ》世襲命《せそのみこと》で、またの名を「葛木彦命《かつらぎひこのみこと》」と言い、尾張氏の祖と言っている。

やはり、葛城と尾張はつながっている。神武天皇の時代に国造の制度は生まれていないが、尾張氏がヤマト建国前後の早い段階で、葛城に、力を注いでいた可能性は高い。ヤマト政権内で発言力を貯えるには、奈良盆地の西側の山並みを手に入れる必要があった。だから吉備のニギハヤヒは生駒山を手に入れたが、それは、先に東海勢力が葛城山系に進出していたからではないか。あるいは、ニギハヤヒがナガスネビコの妹を娶って、第一次ヤマト連合が生まれたが、その時ふたつの山並みを分け合った可能性を疑っておきたい。

その葛城にアジスキタカヒコネが祀られた意味は、とてつもなく大きい。

アジスキタカヒコネが祀られる高鴨《たかかも》神社（奈良県御所市鴨神）は『延喜式《えんぎしき》』神名帳《じんみょうちょう》には「高鴨《たかかも》阿治須岐託彦根命《あじすきたかひこねのみこと》神社」と記され、名に「高鴨」が冠せられている。葛城のカモとアジスキタカヒコネは、つながっている。これも無視できない点だ。尾張と縁の強い葛城を代表する神社にアジスキタカヒコネは祀られている。

出雲国造の祖の天穂日命が尾張系ではないかと疑っておいたが、アジスキタカヒコネも尾張系の匂いがする。そして問題は、アジスキタカヒコネが生き写しだったという天稚彦だ。

アジスキタカヒコネは天稚彦の喪屋を切り払い、喪屋は美濃国に落ちていった。ここは前方後方墳文化圏であり、前方後方墳が近江に生まれて直後に、美濃に伝わっている点は重要な意味をもっていると思う。何度も言うように、ヤマト建国前後の東西日本は、前方後円墳と前方後方墳の文化圏に二分されていた。天稚彦は、前方後方墳文化圏の出身であろう。「天上界と出雲の確執が露わになっている時代」に、天上界の言うことを聞かなかった天稚彦の喪屋が美濃に落ちたと『日本書紀』が語っているのは、大きな暗示に思えてならないのである。

アジスキタカヒコネは葛城の東海系とつながり、アジスキタカヒコネと生き写しの天稚彦は、美濃で東海系とつながっている。ふたりは（本当はひとりだろう）、東海系と思われる。

北部九州に派遣されて裏切られたパターン

ここで、話はあらぬ方向に進む。

アジスキタカヒコネと天稚彦が東海系で、出雲＝北部九州に遣わされた神で、しかも天稚彦が「私もこの国を支配してみたい」と言いだして殺されたという設定は、「魏志倭人伝《ぎしわじんでん》」に描かれた悲劇の男王に似ている。卑弥呼の死後王に立とうとして排斥された男だ。これは、偶然ではあるまい。しかも「北部九州に赴いているとき、落とし穴にはまった」という話は、いくつもある。

『日本書紀』崇神《すじん》六十年秋七月条に、次の記事がある。

崇神天皇が、次のようにおっしゃった。

「武日照命《たけひなてるのみこと》（天穂日命《あまのほひのみこと》の子・天夷鳥《あめひなとり》）が天上界から持ち来たった神宝を、出雲大神の宮に収めである。それを見てみたい」

そこで物部系の矢田部造《やたべのみやつこ》の遠祖・武諸隅《たけもろすみ》が遣わされた。この時出雲臣《いずものおみ》の遠祖・出雲振根《いずものふるね》は神宝を管理していたが、ちょうど筑紫国《つくしのくに》に行っていて、会えなかった。そこで、弟の飯入根《いいいりね》に命じると、すんなり献上した。

ところが出雲振根がもどってきて話を聞くと「なぜ私が戻ってくるまで待てなかったのだ」と、激怒し、飯入根をだまし討ちにしてしまった。これを知った崇神天皇は、出雲振根に刺客を放って殺した……。


この話、実在の初代王の、ヤマトの黎明期の事件であり、しかも出雲振根が筑紫を訪ねていたときに起きた悲劇だったところに、大きな暗示が隠されていると思う。

すでに述べたように、出雲国造家はもともと尾張系だったと指摘したが、彼らは天上界（おそらくヤマト）から出雲に遣わされ支配した側で、話は矛盾するが、「筑紫に出かけていた隙を突かれて神宝を失った」のであり、また、仲哀天皇も最後のタラシの王であり、東海系だから、出雲振根の蹉跌は、東海勢力の内輪もめと裏切り？　という悲劇を想定できる。そしてここに、出雲神話と仲哀天皇もつながってくることが分かる。もちろん出雲国造家《いずもこくそうけ》や仲哀天皇が東海系という仮説を立てたことで、導きだされた推理である。

仲哀天皇にかかわる人脈の中に、もうひとつ気になる事件がある。

『日本書紀』応神九年夏四月条に、武内宿禰《たけうちのすくね》を筑紫に遣わし、百姓を監察させたとあり、この話が、妙にひっかかる。

この時、武内宿禰の弟・甘美内宿禰《うましうちのすくね》の讒言《ざんげん》があった。

「武内宿禰は常に天下を狙っております。今聞いてるところによると、密かに謀り、勝手に筑紫を分割して三韓《さんかん》（朝鮮半島の南部の国々）を招き入れ、従わせ、天下を奪おうとしています」

というのだ。天皇は武内宿禰を殺そうとしたが、壱伎直《いきのあたい》の祖・真根子《まねこ》の容貌が武内宿禰そっくりで、身代わりになって死んだ。武内宿禰は「南海（南海道）」を経由し、紀水門《きのみなと》（紀伊水門《きのみなと》。和歌山県の紀の川河口の港）に泊まり、すぐに朝廷に出て弁明し、探湯《くかたち》によって、無実を証明した……。

武内宿禰は仲哀天皇や神功皇后の忠臣であった。また、応神天皇にぴたりと付き添い、守り通した人物でもある。

この説話を無視できないのは、出雲振根と同じように、九州に派遣されている状態で裏切られたことだ。なぜ、みな、北部九州に行くと、悲劇的な運命が待っていたのだろう。偶然ではあるまい。

邪馬台国の男王の悲劇

「魏志倭人伝」の正始《せいし》八年（二四七）に、次の記事がある。

倭の女王卑弥呼《ひみこ》は、狗奴国《くなこく》の男王卑弥弓呼《ひみくこ》と仲が悪く、使者を帯方郡《たいほうぐん》に遣わし、交戦していることを報告してきた。そこで国境守備の属官である張政《ちょうせい》らを遣わし、詔書と黄幢《おうとう》（黄色い軍旗）をもたらし、檄《げき》（ふれぶみ。布告文）をつくり卑弥呼を諭した。

卑弥呼は亡くなり、卑弥呼の墓が造られ、代わりに男王を立てたが、国中従わず、相攻伐して千余人が亡くなった。そこで卑弥呼の宗女（一族の女性）台与《とよ》（壱与《いよ》）を立てて王とすると、ようやく国は静かになった。そこで張政は「おふれ」を出し、台与を諭した。台与は張政らに使者を副えて張政らを送っていった。

興味深い記事だ。

第三章で触れたように、本居宣長《もとおりのりなが》はすでに邪馬台国論争を片づけている。本当の邪馬台国は畿内のヤマトだったが、九州の女性首長が偽って「われわれがヤマト（邪馬台国）」と魏に報告したのだろうと推理した。この仮説は、考古学と『日本書紀』を重ねることで、証明できた。初期型の前方後円墳が北部九州沿岸部に広まり、前方後円墳の空白地帯だった山門県の女首長を、神功皇后が攻め滅ぼした。

問題は、卑弥呼亡きあと王に立とうとした人物が男性だったこと、支持を得ることができず、千余人が亡くなる混乱を招き、結局消えて行ったことだ（殺されたかどうかは記録されていない)。おそらく、ヤマトから横槍が入ったのだろう。そして、台与が王となって、騒ぎは収まったと言う。

この邪馬台国の男王の悲劇は、東海系タラシの王・仲哀天皇と重なって見えてくる。そして一方で、天稚彦にもそっくりなことに気づかされるはずだ。

天上界＝ヤマトから神話の出雲＝北部九州に遣わされた天稚彦は、「私も国を支配してみたい」と、新嘗祭(即位儀礼)を執り行い、その最中に高皇産霊尊が天上界から放った矢で死んだ。これはまさに、邪馬台国の男王の悲劇ではないか。

天稚彦の悲劇は仲哀天皇に通じる

『日本書紀』が出雲神と括ってしまったアジスキタカヒコネは、東海出身であり、神話の出雲＝北部九州に派遣された天稚彦でもあった。

そして、出雲の国譲りが「旧出雲国(島根県東部)」ではなく、「旧奴国」で展開されていたという私見を当てはめれば、天稚彦の悲劇と仲哀天皇の最期が、重なって見えてくるのである。

『日本書紀』に記された、仲哀天皇の悲劇を追っておこう。話は、あらすじに留める。

仲哀二年、熊襲《くまそ》が叛いたので、これを討つために、仲哀《ちゆうあい》天皇は紀伊国から西の穴門《あなと》(山口県下関市)に向かった。神功皇后は越《こし》の角鹿《つぬが》(敦賀市《つるが》)から山陰地方を西に向かい、穴門の豊浦宮《とゆらのみや》で夫と合流した。ここにしばらく滞在し、仲哀八年春正月に、筑紫に向かう。沿岸部の首長たちが恭順してきた。こうして、橿日宮《かしひのみや》に拠点を構えた仲哀天皇一行だったが、秋九月、ここでアクシデントが起きる。熊襲を討とうとする仲哀天皇に対し、神が「新羅《しらぎ》を討て」と命じたのだ。しかし仲哀天皇は神の言葉を信じず、熊襲を討とうとしたが、勝てずにもどってくる。

仲哀九年春二月五日、仲哀天皇は衰弱し、翌日亡くなった。皇后と武内宿禰は、天皇の喪を秘匿して、天下に知らせなかった。屍《しかばね》は、ひそかに穴門に送られた……。

余談だが、仲哀天皇が亡くなられたとき、屍を棺に入れ、椎の木に立てかけて生きている体《てい》で軍議（御前会議）を開いたと福岡市の香椎宮《かしいぐう》（橿日宮）に伝わる。この時椎の木から薫香が漂ったため、香椎宮の名が生まれたという。この話、出雲国造家の身逃神事や神火相続とよく似ている気がするのだが……。それはともかく。

邪馬台国の男王の悲劇は、ヤマト建国前後に勃発した主導権争いだったのだろう。

天稚彦の悲劇は、仲哀天皇にも当てはまる。ヤマトから北部九州に遣わされた仲哀天皇は、熊襲征討に固執した。この「どうしても九州の賊を討ちたい」という仲哀天皇の気持ちを、「九州を支配したい」という言葉に切り替えてみると分かりやすい。神が怒ったと言うが、「神」は、ヤマト政権の中枢部を意味している。

お互いに、それぞれの思惑と事情があったはずだ。『日本書紀』は、仲哀天皇が亡くなってから神功皇后が山門県《やまとのあがた》に攻め入ったと言っているが、ここが『日本書紀』のうまいところで、真実の歴史を少しずつずらしていると思う。

ここで、いくつかの仮説を述べておかなければならない。

大きな足かせとなった「親魏倭王」の称号

邪馬台国の卑弥呼は帯方郡に、「南側の狗奴国と戦っている」と報告していた。すでに述べたように、「狗奴国」は、北部九州勢力の一員だったのにヤマトに靡いた「奴国」を、「犬（狗）呼ばわりして狗奴国」になった可能性がある。北側に位置していたのに南の狗奴国と報告したのは、そもそも「邪馬台国がヤマト」と卑弥呼が嘘をついていて、「本物のヤマトが北と東から攻めてきた」とは、口が裂けても言えなかったからだろう。

卑弥呼は仲哀天皇らに滅ぼされたが、仲哀天皇と神功皇后にとっての難題は、「親魏倭王・卑弥呼を殺してしまったこと」だっただろう。これがはっきりと魏にばれてしまえば、ヤマト政権そのものが、魏の敵になってしまう。

そこで、敗れた倭国連合（邪馬台国の卑弥呼を担ぎ上げた北部九州諸国）との間に、新たな密約を結んだのではなかったか。それは、「邪馬台国は山門県に本当にあったと魏に言い続け、九州の王を独自に立てること」であった。もし仮に、倭国連合が魏に「ニセの邪馬台国（本当のヤマト）が、邪馬台国（ニセのヤマト）の親魏倭王・卑弥呼を滅ぼした」と報告すれば、それですべてが台無しになる。

こうして仲哀天皇が新たな倭国連合の王に立ち、魏には「邪馬台国はヤマト」と信じさせようとしたのではなかったか。

ヤマト政権側は、このような事態に発展することを恐れ、「ニセのヤマト＝邪馬台国」を攻め滅ぼしてはならない」と、仲哀天皇に言い含めておいた可能性が高い。これが「熊襲にこだわるな」という仲哀天皇に下った神託であっただろう。しかし仲哀天皇は「熊襲征討」を強行し、山門県を滅ぼしてしまった。そしてこの直後、「神のいいつけを守らなかった」ために変死する。ヤマト政権の差し向けた軍勢に敗れたか、あるいは刺客に殺されたのではなかったか。王に立とうとした仲哀天皇（天稚彦）だったが、天上界から投げられた矢に当たって亡くなったのだ。

魏を敵にまわすことはできないために、ヤマト政権にとっても苦渋の選択だっただろう。そこで下した回答は、「女王ならば許す」と言うことではなかったか。巫女王を立て、その彼女が神から授かったパワーは、ヤマトの王に放射するという観念上の妥協だ。巫女王を立てても、実権を握るのはヤマトという構図をヤマト政権は描いたのではなかったか。

こうして生まれたのが、邪馬台国（新北部九州連合）の女王・台与であり、台与は神功皇后であろう。神功皇后は、「トヨ（豊）の海の女神」と、いくつもの接点がある。ところが、魏が晋《しん》に入れ替わってしまい、「魏の虎の威」を失った「新北部九州連合」は、ヤマトに裏切られ、散りじりになって逃れたと思われる。そして南部九州（日向）に逃れた貴種の中から、神日本磐余彦尊《かむやまといわれびこのみこと》（神武）が生まれ、やがて東遷して、ニギハヤヒ（崇神天皇）や垂仁天皇（可美真手命《うましまでのみこと》か）から、王権を譲られたと考えられる。

応神天皇はだれの子か

次の謎は、応神《おうじん》（神武）天皇がだれの子か、なのだ。

『日本書紀』は、仲哀天皇と神功皇后の間に生まれた子が応神と言っている。しかし、応神には多くの謎が隠されている。

『住吉大社神代記《すみよしたいしゃじんだいき》』には、仲哀天皇が亡くなった晩、神功皇后と住吉大神《すみよしのおおかみ》が夫婦の秘め事をしたと記録されている。そして、仲哀天皇崩御（天皇の死）の晩から、数えて十月十日で生まれているから、応神天皇は住吉大神の子だった疑いがある。住吉大社は、そう訴えているのではあるまいか。

住吉大社では、仲哀天皇を祀っていない。住吉大神と神功皇后が、仲良く並んで祀られているが、仲哀天皇は無視されている。これは、不敬な態度ではあるまいか。今日にいたるまで、朝廷は、なぜ住吉大社の存続を認めてきたのだろう。しかもあろうことか、明治天皇は東京に遷る前、住吉大社に親拝して厚遇している。住吉大社は大きな秘密を握っている。

仲哀天皇の亡くなった晩、傍らに控えていたのは神功皇后と武内宿禰だけで（『古事記』）、現実には武内宿禰が神功皇后と結ばれていた疑いがあり、他の拙著の中でくり返し述べてきたように、武内宿禰は三百歳の長寿を保った老翁のイメージで、塩土老翁《しおつつのおじ》（住吉大神）とそっくりだ。北部九州の神社には、乳呑み児の応神を大切に抱く老翁（武内宿禰）の像や絵画が奉納されているが、「応神は武内宿禰の子」と、伝わっていたのではなかったか。

　武内宿禰は蘇我氏の祖だが、七世紀に斉明天皇の時代に現れた笠を着た異形の者（鬼）は、葛城山から生駒山に飛び、最後は住吉大社の方角に飛んでいった。この得体の知れない鬼の正体を『日本書紀』は明かさないが、『扶《ふ》桑略記《そうりやつき》』は「豊浦大臣《とゆらのおおおみ》（蘇《そ》我入鹿《がのいるか》）」と言っている。蘇我氏は住吉大神と強く結ばれている。

　ところで、『日本書紀』は巻八の仲哀天皇の系譜を述べる段で、不思議なことをしている。仲哀天皇二年春正月、気長足姫尊《おきながたらしひめのみこと》（神功皇后）を皇后にしたというが、ここで「是より先に」と、前置きして、叔父の彦人大兄《ひこひとおおえ》の娘の大中姫《おおなかつひめ》を娶り、麛坂《かごさか》皇子と忍熊《おしくま》皇子が生まれていたこと、来《く》熊田造《くまたのみやつこ》（不詳）の祖・大酒主《おおさかぬし》の娘の弟媛《おとひめ》を娶って誉屋別《ほむやわけの》皇子を生んだとあり、神功皇后との間に生まれた子について、言及していない（普通ありえない）。その代わり、仲哀天皇八年秋九月五日、仲哀天皇が熊襲を討とうとして神に止められたとき、疑い、それを知った神が仲哀天皇に、

「お前はその国（新羅）を得ることはできないだろう。今、皇后ははじめて身籠もられた。その子を得るだろう」

　と告げた。それでも仲哀天皇は神の言葉を信じず熊襲を討ったため、翌年の二月五日に、仲哀天皇は衰弱し、翌日急死する。そして、ここに登場する「皇后の子」こそ、応神天皇だった。つまり、仲哀天皇と神功皇后の間に生まれた子は、応神だけだったと言っている。そして十二月十四日、「誉田天皇《ほむたのすめらみこと》を筑紫に生みたまふ」とある。仲哀天皇の段でふたりの間の子として紹介されず、なぜか仲哀天皇の崩御ののち、応神は登場している。これも、不自然なのだ。

ヤマトの王になる資格

これに対し『古事記』は、違う系譜を掲げている。仲哀天皇が大江《おおえ》王の娘の大中津比売命《おおなかつひめのみこと》を娶って生まれた子は香坂王《かごさかのみこ》と忍熊王《おしくまのみこ》で、息長帯日売命《おきながたらしひめのみこと》（神功皇后）を娶って生まれた子は品夜和気《ほむやわけの》命《みこと》と大鞆和気命《おおともわけのみこと》（またの名は品陀和気命《ほむだわけのみこと》）だという。また、太子（応神）の名が大鞆和気命という理由は、生まれたとき、鞆《とも》（弓の弦があたるのを防ぐ武具）のような肉が腕にあったからだとある。

『日本書紀』は、仲哀天皇と神功皇后の間に生まれた子は誉田天皇ひとりと言い、『古事記』はふたりいたと証言している。

『日本書紀』と『古事記』、どちらの証言が正しいのだろう。どちらが系譜をごまかしている可能性も高い。この時代の歴史も系譜も正確には分かっていなかったという「憶測」は、もう通用しないと思う。

ヒントを握っていたのは、六世紀初頭の第二十六代継体天皇の即位に至る『日本書紀』の記述にある。男大迹王《おおどのおおきみ》（継体）は応神天皇の五世の孫だからと越から連れて来られたが、その直前、丹波《たんば》の倭彦《やまとひこの》王に白羽の矢が立っていた。こちらは、仲哀天皇五世の孫だという。もし、倭彦王が仲哀天皇の子の応神天皇の末裔ならば、ここは「応神の四世の孫」と記すべきだが、そうしなかったのは、応神の腹違いの兄から生まれた子が先祖だったのだろう（つまり『古事記』のいう品夜和気命ということになる)。香坂王と忍熊王は滅亡しているのだから、そう考えるのが自然だ。『釈日本紀《しやくにほんぎ》』も、倭彦王の祖は誉屋別皇子と推理している。

じつはここに、大きな問題が潜んでいる。それは、仲哀天皇が神の怒りを買った日に「神功皇后は身籠もった」と言い、十月十日後に応神は生まれ、仲哀天皇が亡くなった晩、住吉大神は神功皇后と夫婦の秘め事をしたと暴露し、『古事記』は、仲哀天皇が神託を受けているときに亡くなり、その場にいた男性は武内宿禰だったと言っていることだ。

応神天皇の父親が住吉大神で、その正体が武内宿禰とすれば、神功皇后(台与《とよ》)は、ふたりの夫との間に子をもうけていて、そのどちらかの末裔が、王になる資格を持ち、だからこそ応神五世の孫の継体だけではなく、仲哀天皇五世の孫の倭彦王に、白羽の矢が立ったわけだ。

国母・神功皇后

ヤマトの王(天皇)になる資格は、応神天皇か誉屋別皇子のどちらかの末裔だったのだが、つまりは、「国母・神功皇后」の子だったことが大きな意味をもっていたわけだ。日本の王家(天皇)の出発点は女傑で、悲劇を一身に背負った神功皇后＝台与だったのである。

ちなみに、アマテラスとスサノヲは天上界で誓約《うけい》(神意をうかがい、正邪当否を占うこと)をして、アマテラスの子が天皇家の祖になったが、この場面、スサノヲとアマテラスが「夫婦の秘め事」をして子ができたのが本来の姿であろう。そこをあえてセックスレスによって子が生まれた設定にしているのは、天皇家の祖がスサノヲではまずかったからだろう。

スサノヲが天皇家の祖で、しかも本来の太陽神だったことや、スサノヲと住吉大神と大物主神と武内宿禰が同一で日本海のタニハ出身だったことは、拙著（『スサノヲの正体』新潮新書）の中で詳述した。『日本書紀』は、蘇我氏の祖が王家の根っこにいて、武内宿禰が日本の歴史のすべてを解き明かすヒントを握っていた要だったために、その正体をいくつにも分解している。同一人物が多いのは、それだけ多くの秘密を握っていて、『日本書紀』編纂《へんさん》者（藤原不比等）が、ありとあらゆるカラクリを駆使して、この人物の正体を抹殺しようとしたからである。

ちなみに、スサノヲはタニハから出雲に進出したが、出雲に造った宮は「須賀宮《すがのみや》」で、スサノヲの子は「スガ」で生まれたから「清之湯《すがのゆ》山主《やまぬし》三名《みな》狭漏《さる》彦《ひこ》八嶋《やしま》篠《しの》」の名を与えられた。この「スガ」が多くの場面で音韻変化し「ソガ」となり、「清之湯山主三名狭漏彦八嶋篠」も「蘇我能由《そがのゆ》夜麻奴斯禰那佐牟留比古夜斯麻斯奴《やまぬしみなさむるひこやしましぬ》」と書かれることがあった（但馬国一の宮・粟鹿《あわが》神社）。

出雲大社本殿真裏のスサノヲを祀る社は「素鵞社」で、これは「そがのやしろ」と読む。スサノヲの末裔が蘇我氏であり、『日本書紀』はこの系譜を抹殺した。藤原氏の天敵の蘇我氏が王家と親族であり、王家の根っこに位置していたことは、何がなんでも隠し通さねばならなかったのだろう。

そして、ここで強調しておきたいのは、神功皇后のふたりの夫のひとりはタラシの王家＝東海勢力（仲哀天皇）で、もうひとりの住吉大神＝武内宿禰が、日本海勢力であり、神功皇后は「息長」の名から近江勢力と察しがつき、みなヤマトの中枢「瀬戸内海勢力＋ヤマトに留まった東海

出雲大社本殿裏に鎮座する素戔嗚尊を祀る素鵞社

勢力」に裏切られた人びとと、括ることができる。

そして、黎明期のヤマト政権は、この「北部九州で敗れた者どもの恨み」を恐れていた。もっとも恐ろしい祟り神は「大物主神」で、崇神天皇の時代、疫病を広め、人口は激減した。だから、崇神天皇は大物主神の子を探し出して祀らせたが、これが神武東遷のことだったと、すでに指摘してある。大物主神は北部九州で敗れて恨む者どもを象徴している。

出雲大社の祭神は本当に大国主神なのか

ここでようやく話は、出雲大社の祭神にもどっていく。出雲大社に祀られているのは本当に大国主神（大己貴神）なのだろうか。なぜこの神は西を向いているのだろう。

『古事記』の出雲神話の印象が強すぎるから、「出雲と言えば大国主神」と思ってしまうが、『出雲国風土記』の神話の中で、大国主神は活躍らしい活躍をしていない。『出雲国風土記』の場合、「天の下を造った神」と称えられるが、決まり文句のように使われているだけで、なぜ、どのように、国を造ったのか、まったく触れられていない。『出雲国風土記』の編纂に関わった出雲国造は、天穂日命の「火（霊）」を引き継いで天穂日命そのものになり、なおかつ、祀ってきた大国主神そのものにもなると証言する。それならばなぜ、『出雲国風土記』の中で、大国主神の活躍を大々的に喧伝《けんでん》しなかったのだろう。何か、怪しい。

『日本書紀』の場合、国譲りの最終決断を事代主命《ことしろぬしのみこと》に委ねていて、肝心な所で間抜けな役回りを演じている。大国主神は、本当に出雲のヒーローなのだろうか。

気になるのは、『出雲国風土記』に記されたアジスキタカヒコネにまつわる次の説話だ。

『出雲国風土記』仁多郡《にたのこおり》 三沢郷《みさわのさと》条に、次の説話が載る。

アジスキタカヒコネはヒゲが八握に生えるまで、昼夜泣き止まず、言葉を発しなかった。そこで御祖（大穴持命＝大国主神）は、御子を船に乗せて八十嶋《やそしま》を巡り楽しませたが、なお泣き止まなかった……。

『出雲国風土記』神門郡《かむどのこおり》 高岸郷《たかきしのさと》に、似た話がある。

アジスキタカヒコネは昼夜泣き止まなかった。そこでここに高屋を造り、住まわせた。高い梯子をかけ、上り下りをさせて養育した……。

ヒゲが伸びるまで泣きやまなかった神は、アジスキタカヒコネだけではない。代表例に、スサノヲがいる。

『日本書紀』はスサノヲを鬼あつかいし、「穢れている」と酷評した。

ヒゲが伸びても泣きやまないのは、「幼童神（童形、子供の神）」で（松前健《まつまえたけし》『出雲神話』講談社現代新書）、童子は驚異的な成長力を秘め、要は祟る鬼なのだが、アジスキタカヒコネは『日本書紀』神話の中で、死んだはずの天稚彦とそっくりで、間違えられ、怒ったが、祟る理由がない。なぜ、アジスキタカヒコネは幼童神となり、祟り、はしごを必要とするような高屋に住まわされたのだろう。

はしごをかける背の高い建物は、出雲大社のことではあるまいか。すでに述べたように、『古事記』はアジスキタカヒコネの別名を迦毛大御神《かものおおみかみ》と記録する。アマテラスと同等なのだ。大国主神とは、格が違う。その事実を、『古事記』は暴露してくれたのではなかったか。

出雲国造家が前方後方墳にこだわったわけ

われわれは、大国主神という目くらましのカラクリに、まんまと引っかかっていたのだろうか。

出雲国造家は、長い間（おそらく国造に任命される以前から）、出雲の東側の意宇《おう》の地で、なぜか前方後方墳にこだわり続けていた。各地の首長が前方後円墳を造営していく中、東海系の埋葬文化に固執していた。長い間、この出雲国造の伝統の意味は、深い謎のままだった。

しかし、前方後方墳が二世紀末から三世紀初頭の近江や東海地方で日本海（タニハ）の方形台状墓《ほうけいだいじょうぼ》の影響を受けて誕生したこと、前方後方墳文化圏の人びとがヤマトになだれ込み、ヤマト建国の気運が高まったこと、日本海（山陰）や東海勢力がヤマト政権の尖兵となって北部九州に進出し、悲劇的な運命を担ったことが分かってくると、出雲国造家の前方後方墳は、重みをもって、われわれに、深い意味を伝えていたことが分かってきたのである。

出雲国造家の祖は、北部九州と同族を裏切った人びとであり、北部九州から日本海沿岸部を監視するために、出雲に棲みついた人びとであろう。そして東海勢力は、日本海が衰退し、さらに東海系のナガスネビコの悲劇を経て、ヤマトでの求心力を失っていったわけだ。出雲国造家は東海全体の悲劇を背負い、かつての東海地方の輝かしい栄光のオブジェとしての前方後方墳に固執したのだろう。

ところで前方後方墳と東海にまつわるこんな話がある。

伊勢斎宮のすぐ脇に、坂本《さかもと》古墳群（三重県多気《たき》郡明和《めいわ》町坂本。古墳は一五〇基存在した）があって、七世紀前半に造られた一号墳はきれいな前方後方墳で、古墳時代の最後の最後に、なぜ伊勢斎宮の近くに忽然と前方後方墳が出現したのか、不思議がられている。

一号墳に金銅装頭椎大刀《こんどうそうかぶつちたち》が埋納されていた。これは中央政権からもらい受けたものと考えられていて、蘇我氏全盛期に、この地が特別視されるようになったことを物語っている。六世紀初頭の継体天皇の登場はタニハと東海勢力の復活の烽火《のろし》であって、蘇我氏の全盛期はタニハと東海が強い絆を結び直すきっかけとなり、さらに七世紀にかけて、タニハと東海と瀬戸内海勢力の再編成（大同団結）の時代になった。中央集権国家づくり（律令整備）のために、過去のわだかまりを捨て、支配していた土地と民を手放し、強固な国家づくりに、旧豪族が協力していったのだ。

つまり、蘇我氏と尾張氏の絆の深まりを象徴するのが、坂本古墳群の前方後方墳だったのではあるまいか。

親蘇我派の大海人《おおあまの》皇子の「大海人」は、尾張氏と強く結ばれた「大海（凡海）氏」と関わりが深いとされている。大海人皇子は壬申《じんしん》の乱（六七二年）で尾張氏に助けられ、即位後、斎宮の整備に邁進し、娘の大来皇女《おおくのひめみこ》を斎王に立てている。

また、伊勢斎宮と三輪山麓の檜原《ひばら》神社は同緯度線上に位置し、また伊勢斎宮は、発掘調査によって、七世紀後半に整備されたことが分かっていて、ヤマト政権の太陽信仰を可視化する装置として斎宮が整えられ、その近くに前方後方墳が造られていたところに、大きな意味を感じずにはいられないのである。

そして、「三世紀、東日本を席巻した前方後方墳」に、出雲国造がこだわったところに、深い暗示が込められていたように思えてならないのである。

出雲の熊野大社の祭神はスサノヲ?

出雲国造家が、本当に祀りたかったのはだれだろう。もちろん、祖神であろうが、さらに、裏切ってしまった同族や同盟者に対する贖罪の念も強かっただろう。意宇の熊野《くまの》大社の祭神は熊野大神櫛御気野命《おおかみくしみけののみこと》だが、これはスサノヲではないかと考えられている(熊野大社では、櫛御気野《くしみけぬの》命《みこと》の別名がスサノヲと伝わっている)。もちろん反論もあるが、『日本書紀』が描いたような正体を抹殺されたスサノヲではなく、歴史上しっかりとした形で出雲やタニハに強い影響力を持った偉大な王がいて、もちろん東海系の出雲国造の祖が瀬戸内海勢力に荷担して裏切ってしまった「スサノヲの本当の姿の神」を、出雲国造が熊野大社で祀っていた可能性は高いし、本当に恐ろしい神は、「あの神」と言えば一族の間では通じるので、名前をごまかしたのであろう。

日本各地に熊野神社は祀られていて、式内社は出雲・丹後・越中・近江・紀伊に鎮座し、ヤマト建国との主導権争いに勝利した地域を囲むようにしている点が、興味深い。

問題は、八世紀以降、朝廷の命令で出雲国造が杵築大社《きづきのおおやしろ》(出雲大社)に詰めるようになり、いったいそこで、誰を祀っていたのか、である。

すでに何度も語ってきたように、出雲の国譲りの現場は、北部九州だった。そこで起きた事件で「裏切った東海」を恨んでいるのは誰だろう……。それは、仲哀天皇であり、別名は天稚彦《あめわかひこ》で、アジスキタカヒコネとも言ったのではなかったか。

ここで、『出雲国造神賀詞』と『日本書紀』の矛盾について言及しなければならない。すでに述べたように、国造家の祖・天穂日命は出雲に同化して復命しなかったと『日本書紀』にある。天穂日命は天上界（ヤマト）を裏切ったわけだ。ところが『出雲国造神賀詞』には、天穂日命は地上界を視察したあと、子の天夷鳥が経津主神とともに出雲を圧倒したという。どちらが本当のことなのだろう。

出雲の歴史にくわしい瀧音能之《たきおとよしゆき》は、『日本書紀』第九段一書第一に注目している。まず、天穂日命は、出雲の国譲り神話でも、『日本書紀』第九段本文のみに登場するが、天上界を裏切ったという話は、出雲国造が作ったわけではないことを指摘した。その上で、第九段一書第一に登場する天忍穂耳尊《あまのおしほみみのみこと》（天皇家の祖）が地上界を見下ろし天上界に報告し、そこから出雲侵攻が始まったと記されていることを強調した。天穂日命と天忍穂耳尊はどちらもアマテラスとスサノヲの誓約によって生まれた子であり、この天忍穂耳尊と『出雲国造神賀詞』における天穂日命の行動がそっくりだという。

その上で、出雲国造は、天皇家に対して果たしてきた功績を『出雲国造神賀詞』の中に織り込もうとしたが、『日本書紀』神話本文の天穂日命の裏切り者としての姿を、そのまま神賀詞に書きこむことができず、新たな天穂日命像を作り上げたのではないかと指摘した（『日本古代の氏族と政治・宗教　上』　加藤謙吉編　雄山閣）。

瀧音能之は、出雲神話を架空の話とみなしていて、出雲国造『出雲国造神賀詞』の真意を見逃していると思う。

出雲大社を祀るのは出雲国造家の本意ではない？

あらためて確認しておくが、出雲国造家は東海系であろう。関東地方に広く分布する氷川神社の祭神は素戔嗚尊《すさのおのみこと》で、なぜ東国に出雲系神社が多数分布するのかと言えば、出雲国造家の親族が、東国に進出していることもひとつの要因だ。武蔵国造《むさしのくにのみやつこ》も出雲国造の流れを汲んでいて、だからスサノヲを祀る大宮氷川《ひかわ》神社（埼玉県さいたま市）が、武蔵国一宮《いちのみや》なのだ。

「東海系」は、ヤマト建国時、ふたつに分裂し、どちらも悲劇的に衰退していくが（神武のヤマト入りを拒んだナガスネビコも東海系）、出雲国造家はどちらの東海系だろう。

出雲の国譲りを成し遂げたのは物部系（瀬戸内海系）の経津主神と武甕槌神（東海系）だと『日本書紀』は言う。また、旧石見《いわみ》国の物部神社（島根県大田市）の伝承によれば、ヤマト建国後、ニギハヤヒの子のウマシマヂと尾張氏の祖の天香語山命《あまのかごやまのみこと》は、越後と石見に拠点を構えたと言い、ウマシマヂは石見から出雲を監視したという。物部氏と尾張氏は、出雲の国譲り（台与の北部九州連合の敗北）ののち、日本海を封じこめていたことが分かる。出雲国造家も同様に、旧出雲勢力を監視するために、出雲の東側の意宇に陣取ったのだろう。そして祀っていたのが、熊野大社の櫛御気野命（スサノヲ）である。

櫛御気野命は穀物の神を意味する「おぼろげな名前」で、スサノヲと指摘しておいたが、要するに、「東海系と日本海勢力を裏切った東海系＝出雲国造家」が、「裏切った東海系を恨むもうひとつの東海系と日本海勢力」の祟る気持ちを、意宇の地で鎮め、暴れないように監視する（祀る）役割を、出雲国造家の祖は担っていたのだろう。だから、熊野大社の祭神・櫛御気野命の正体を、スサノヲひとりに限定する必要はない。大勢の恐ろしい神がいて、その名を挙げることすらはばかられたために、よく分からない抽象的な祭神の名になったのだろう。

ところが、中央で律令制度が完成し、藤原氏が実権を握り、『日本書紀』が編纂され、藤原氏の一党独裁体制の基礎がためが進む段階で、国造制度は廃止され、わずかに、いくつかの国造だけが生き残った。その中のひとつが出雲国造だった。中央から各地に国司が派遣され、有力地方豪族の多くは、郡司《ぐんじ》（現代で言えば、県知事が国司。郡司は市長や町長）に任命され、出雲国造も郡司で大領《たいりょう》（郡司の長官）の地位を認められたが、その一方で、杵築大社（出雲大社）の祭祀のために、拠点を西に移したわけだ。

つまり、出雲国造が出雲大社を祀っているのは、自身の「強い願い」ではなく、中央政権の強制、命令であって、そこに当然のことながら、（政権側の）政治的な目的があったはずなのだ。

藤原不比等は藤原氏の正義を証明するために、藤原氏の政敵（ヤマト建国時からすでに大活躍をしていた）や大豪族の業績やら正統性をひっくり返し、藤原氏の正義のみを強調するために、神話を構築し、その「嘘なのに本当の話にみせかけなければならぬ必要性」から、出雲国造家は「『日本書紀』の描いた偶像・出雲の神＝大国主神」を祀ることを命じられたのではなかったか。

出雲国造家にすれば、一家に伝わってきた古い歴史と、『日本書紀』が示した神話の差に仰天したにちがいない。そもそも、出雲の国譲りは「神代の物語」ではなく、なまなましい歴史として語り継がれてきたはずで、それを神話に封じこめられてしまったこと自体、心外だったに違いない。事件舞台は北部九州でもあり、もっと広い地域の話だったのに、出雲の狭い空間に押し込められてしまったことにも、驚いただろう。

出雲大社に祀られているのは天稚彦で仲哀天皇

ただし、この時代の藤原氏に逆らうことはできなかったし、郡司という地方行政官に成り下がって、出雲の精神的支柱としての役割を担うことで、彼らは、中央政府（藤原氏）と妥協する余地はあったのだろう。

問題は、だれが出雲大社に祀られていたのか、である。権力者藤原氏は、だれを祀らせようとしたのだろう。そして大国主神（大己貴神）は本当に、出雲大社の祭神なのだろうか。

ふさわしいのは、天稚彦ではなかろうか。派遣先（北部九州）の支配権を獲得しようと思ったが、ヤマト（瀬戸内海勢力と東海勢力）に裏切られ、殺されたとすれば、ヤマト政権を恨むのは、天稚彦だ。すんなり恭順した（という設定の）大国主神ではない。そして天稚彦はアジスキタカヒコネで、仲哀天皇でもあっただろう。

もちろん、スサノヲ（住吉大神・武内宿禰・大物主神）も候補のひとりだが、東海系の出雲国造が祀る神は、スサノヲよりも、身内の裏切りに恨みを抱く天稚彦（仲哀天皇）がふさわしく思えるのだ。

『古事記』に、興味深い記事が載る。

仲哀天皇が熊襲を討とうと、真意を確かめるため、訶志比宮《かしひのみや》（橿日宮）で息長帯日売命《おきながたらしひめのみこと》（神功皇后）が神依《かみよ》せをしたのだ。その時、仲哀天皇は琴を弾き、建内宿禰は託宣を聞く聖なる庭にいて、神のお告げを求めた。神功皇后に憑依した神は、次のように告げた。

「西の方角に国がある。宝物の国があるその国を帰伏させようと思う」

仲哀天皇はこれを聞いて高い場所に登ってみたが、何も見えない。嘘をつく神だと思い、琴を弾くのをやめてしまった。すると神は怒り、

「この天下に、お前が治めるべき国はない。お前はどこかに向かってしまえ（一道《ひとみち》に向《むか》へ）」

と言う。建内宿禰は恐れ、仲哀天皇に琴を弾かれますようにと促すと、やる気のなさそうに弾かれた。しかししばらくして、その音色が途切れた。明かりを灯してみると、すでに仲哀天皇は、こと切れていた。

「一道に向へ」とは、どういう意味だろう。「あっちに向いていろ、こっち（ヤマト）を見るな」、ということだろう。これは、出雲大社の祭神が、なぜ西を向いているのか、その答えではあるまいか。

ここに、出雲大社に隠された、悲しい物語が、鮮明に蘇ってくるのである。

法隆寺は蘇我氏の祟りを鎮める寺？

出雲大社は、藤原政権が仕掛けた「『日本書紀』神話が事実であったことを世間に知らしめるための壮大なアリバイ工作」で、出雲国造家は、藤原氏の悪だくみに手を貸したのではなかったか。

もちろん、背に腹はかえられないし、藤原氏に逆らえば、どのような仕打ちを受けるか、分かったものではない。当然、出雲国造家を責めるつもりはない。

ただここではっきりさせておきたいのは、「藤原氏は歴史改竄《かいざん》のために、そこまでするだろうか」という疑念である。装置（出雲大社）が巨大すぎるから、ここまで無駄なことをするだろうか、という素直な疑問である。

藤原氏の歴史改竄のための想像を超える執念は、法隆寺《ほうりゆうじ》周辺の金石文《きんせきぶん》を見れば、納得できるはずだ。

法隆寺は、聖徳太子《しようとくたいし》建立寺院として名高い。しかし、多くの謎に満ちている。『日本書紀』は法隆寺が天智九年（六七〇）に「一屋も余すことなく焼けてしまった」と記録しているのに、法隆寺側は、「焼けていない」と主張してきた。

火災から七十七年後の天平十九年（七四七）に記された法隆寺の正式な報告書である『法隆寺《ほうりゆうじ》伽藍縁起幷流記資財帳《がらんえんぎならびにるきしざいちよう》』には、法隆寺焼失と再建の記事が出てこない。そのため、「法隆寺再建、非再建論争」が勃発してしまったほどだ。

ただ、昭和十四年（一九三九）の発掘調査によって現存法隆寺の東側に四天王寺式の伽藍跡が発見されて（若草伽藍）、再建されていたことがはっきりと分かった。

ならばなぜ、当事者の法隆寺は、「燃えていない」と、嘘をついてきたのだろう。

法隆寺の闇は深い。

大和三山の天香具《あまのかぐ》山《やま》と耳成山《みみなしやま》を結んだラインをたどっていくと、若草伽藍の塔につながる。そのラインから六十度南西に向けると、二上山雄《ふたかみやまお》岳《だけ》につながる。古代の神社仏閣や古墳は、霊山や聖地と何かしらの意味ある角度で結ばれていることが多く、若草伽藍の塔も、奈良盆地南部の聖地と強く結ばれていたことが分かる。しかもそれらは、蘇我氏全盛期に計画されたラインだ。ところが、再建法隆寺の塔は、多武峰《とうのみね》との間に新たな縁を結んでいる。多武峰に祀られるのは中臣鎌足で、中大兄皇子《なかのおおえのみこ》と中臣鎌足《なかとみのかまたり》は蘇《そ》我入鹿《がのいるか》暗殺の計画を多武峰で行なったと言い、だから、祀られる社の名は「談《かたらい》山《やま》」になったという。

創建法隆寺（若草伽藍）は蘇我系の寺で、再建法隆寺は藤原氏と縁の深い寺なのだろう。蘇我氏の法隆寺は破壊され、藤原氏の法隆寺に入れ替わっていた可能性が高い。

また、藤原不比等の娘の光明子《こうみょうし》と母の県犬養三千《あがたいぬかいのみち》代《よ》は、ある時期から法隆寺に異常な量の寄進を行なっている。また光明子は、夢殿《ゆめどの》（東院伽藍）を建て、聖徳太子等身像とされる救世《ぐぜ》観音を祀った。

これにはわけがあって、藤原氏に抵抗した長屋王《ながやのおおきみ》の一族が、冤罪で滅亡に追い込まれ、その事件から数年後に、権力の中枢に立っていた藤原不比等の四人の男子が天然痘の病魔に襲われ、一気に滅亡してしまったのだ。長屋王の祟りと誰もが信じたが、その時から、県犬養三千代と光明子は、法隆寺を手篤く祀るのだった。

他の拙著の中で述べたように、親蘇我派・天武天皇の血を引く長屋王は反藤原派の旗手になっていて、だからこそ藤原氏が邪魔にしたのだ。ところが長屋王の祟りにおびえた県犬養三千代と光明子は、藤原氏によって殺された蘇我系や親蘇我派の皇族や貴族を法隆寺で密かに祀りはじめたのだ。法隆寺はここから、蘇我系人脈の祟りを鎮める場になっていったわけである。

薬師如来坐像は新しい？

このような「謎めいた法隆寺」「祟る法隆寺」が分かってくると、法隆寺周辺（もちろん創建法隆寺ではない）の金石文の謎も、興味深いものとなってくるはずだ。

たとえば釈迦《しやか》三尊像《さんぞんぞう》の光背《こうはい》には、四六駢儷体《しろくべんれいたい》のおおよそ次のような銘文が刻み込まれている。

法興《ほうこう》三十一年十二月（六二一、推古《すいこ》二十九年十二月）、鬼前太后《かむさきのおおきさき》（間人皇后《はしひとのきさき》・聖徳太子の母）が亡くなられた。その明くる年の正月二十二日、上宮法皇《かみつみやののりのおおきみ》（聖徳太子）が病の床に伏し、食事も喉を通らないほど衰弱された。このとき、王后《きさき》（聖徳太子の后・菩岐々《ほきき》美郎女《みのいらつめ》）もまた看病疲れから、倒れてしまったのだ。ときに王后や王子、諸臣らは、深く心配し、共に発願して、聖徳太子等身大のお釈迦様の像を造ることを決めた。この像によって転病延寿、安住世間を願った。もしその願いが叶わなくても、亡くなられた後、早く妙果に昇らせてもらえることを祈った。ところが、二月二十一日、王后がまず亡くなられ、翌日法皇も亡くなられた。その後推古三十一年（六二三）の三月の半ばになって、釈迦三尊像は完成した、というのである。つまり、この銘文は、釈迦三尊像が、聖徳太子の亡くなられた翌年に止利仏師《とりぶっし》の手で完成した……。

銘文のテーマは、聖徳太子の病気平癒《へいゆ》を祈願してこの仏像を造ろうと思い立ったが、願いも叶わず太子らは亡くなられてしまったというものだ。そして、釈迦三尊像は、聖徳太子の死後間もなく完成していたことになる。

ところで、法隆寺金堂には、本来なら一体でよいはずの「ご本尊」が三体ある。これは法隆寺の謎のひとつとされているのだが、もう一体は薬師如来である。

この如来像の光背銘、古くは法隆寺の草創期の様子を今に伝える貴重な史料と信じられていた。推古朝（飛鳥《あすか》時代）を代表する仏像と高く評価されていたのだ。中国の北魏後半期（五世紀末から六世紀にかけて）の様式を取り入れていて、朝鮮半島の特徴が融合して、日本に伝わり、止利仏師の技が加えられたと考えられてきた。これが、飛鳥仏の特徴というのだ。

しかし、不審な点も多い。

聖徳太子の病気平癒を願い、みなで聖徳太子等身像の釈迦像を造ろうと思いついたと言うが、死んでもいない人間の等身像という発想が、まず信じがたい。となると、銘文の文面も、胡散臭くなってくるし、多くの史学者たちが、疑った。年号や称号が当時のものではないという指摘だけではない。

たとえば梅原猛《うめはらたけし》は、法隆寺金堂の釈迦如来と薬師如来がそっくりで、印相（手の形）まで同じだったことに疑念を抱いた。釈迦如来と薬師如来の印相は、本来異なると言い、病に倒れた聖徳太子の死後の冥福を祈ることの異常な様を、すでに気づいていた（『隠された十字架』新潮文庫）。

薬師如来は擬古作？

次に、薬師如来坐像の光背銘は見てみよう。

池辺大宮治天下天皇《いけのへのおおみやにあめのしたしらしめししすめらみこと》（用明《ようめい》天皇）の元年、用明天皇は病の床につかれ、大王天皇《おおきみすめらみこと》（推古天皇）と太子（聖徳太子）を召して誓願しておっしゃるには、私の病気平癒を祈願して、寺をつくり薬師像を造り仕え奉ってほしいと勅《みことのり》された。しかし、完成する間もなく天皇は亡くなられた。そこで小治田大宮治天下大王天皇《おわりだのおおみやにあめのしたしらしめししおおきみのみこと》（推古天皇）と東宮聖王《ひつぎのみこひじりのおおきみ》（聖徳太子）は、用明天皇の遺志を引き継ぎ、推古天皇十五年にこの薬師如来像を完成させた。

釈迦三尊像の金石文とよく似た内容で、聖徳太子の病気平癒を願って、薬師如来を造ろうとしたという。

まず、銘文に「願文《がんもん》」がないのも不自然なことで、推古朝では使われていなかった「天皇」の二文字が刻まれていた。かつては、法隆寺周辺の金石文に「天皇」と書かれていたことから、天皇号はこの時代にはすでに使われていたと考えられていた。

また、元法隆寺執事長の高田良信《たかだりょうしん》は、「大王天皇」といういい回しが不自然という指摘に対し、「大王」と「天皇」の称号の変化のちょうど過渡期に造られたからであり、かえって信憑性があると主張した（『日本の古寺美術3　法隆寺』大西修也　保育社）。しかし今では、天武天皇の時代に、天皇号が使われるようになったと考えられるようになっている。つまり、「大王天皇」はあり得ない呼称なのだ。

さらに、「聖王」という表現も、不自然きわまりない。銘文の文体も、飛鳥時代のものではないと指摘されている。やはり、薬師如来坐像の光背銘は、謎が多すぎる。法隆寺金堂のもうひとつの本尊である釈迦三尊像光背銘にも、「法皇」と刻まれていて、不可解だ。

上代文学研究家の瀬間正之《せままさゆき》は、薬師如来坐像の光背銘にある「仕奉《しぶ》」（仕えること）の二文字に注目した。その使用例は、この銘文以外では、もっとも古いもので西暦七一〇年の墓誌で、次に七二六年の碑文《ひぶん》があるに過ぎないことから、七世紀末以降に使われるようになったと考えられるという（瀬間正之「推古朝遺文の再検討」『聖徳太子の真実』大山誠一編　平凡社）。

さらに、薬師信仰そのものが、もっと時代が下った新しいものだから、銘文は信用できない。薬師像が「擬古作」だったとも指摘している（町田甲一『日本美術工芸』122　日本美術工芸社）。そもそも、再建法隆寺の建造物そのものが、飛鳥時代に模して造られているのも奇妙なのだ。

法隆寺は擬古作だらけ

もうひとつ気になるのは、法隆寺東院伽藍（夢殿）の東側の中宮寺《ちゅうぐうじ》の天寿国曼荼羅繍帳《てんじゅこくまんだらしゅうちょう》だ。百個の亀が散りばめられていて、それぞれの背中に文字（四文字ずつ）が記されていたが、長い年月の間にいくつかが欠損してしまった。ただし『上宮聖徳法王帝説《じょうぐうしょうとくほうおうていせつ》』などが書き残していて、ほぼ全文が明らかになっている。聖徳太子の言葉として名高い「世間虚仮《せけんこけ》、唯仏是真《ゆいぶつぜしん》」の八文字が記されていることで名高い。

銘文は前半と後半に分かれ、前半は皇室の系譜で、欽明《きんめい》天皇から聖徳太子に至る六世紀から七世紀にかけてのもの。そして後半部で、この繍帳が「誕生したいきさつ」が記されている。

やはりここでも、天皇号などの問題点が指摘され、擬古作ではないかと疑われているが、そもそも内容がおかしい。矛盾がある。後半の訳文を掲げておく。

推古二十九年十二月二十一日の夕暮れに、聖徳太子の母・孔部間人 母王《あなほべのはしひとのははのおおきみ》が崩じ、明くる年の二月二十二日の夜半に太子が崩じた。ときに、太子の后の多至波奈大女郎《たちばなのおおいらつめ》（橘 大女郎《たちばなのおおいらつめ》）は悲しみ嘆き、祖母・推古天皇に申し出て言うには、「恐れ多いことだけれども、思いは押さえられません。我が大王（聖徳太子）は母王と約束されていたかのようにともに亡くなられてしまいました。胸の痛みは類ないほどです。我が大王は「世間虚仮、唯仏是真」とおっしゃいました。

この言葉通り、我が大王はおそらく亡くなられ天寿国に生まれ変わられたのでしょう。けれども、こちら側の人間には、その国の様子を目で見ることはできません。そこで、天寿国の有り様を図に描いて大王の行かれたところを見てみたいのです。」これを聞いた推古天皇は、哀れに思い、「我が孫の申すこと、もっとも」と述べられ、もろもろの采女らに命じて繍帳二張りを造らせた。描いたのは、東漢末賢《やまとのあやのまけ》や高麗加西溢《こまのかせい》らであった。

「天寿国曼荼羅繍帳銘」の後半は、聖徳太子と家族の死、その後、聖徳太子の往かれてしまった天寿国（理想の地。あの世）の様子を見てみたいという孫娘の願いを叶えるために、推古天皇がこの繍帳が作らせたというのだ。そして、「理想郷」は刺繍となった。

ところが、ここからが奇妙なことになる。見せてあげたかった「天寿国の景色」の上に、「聖徳太子の家系」と「繍帳を造る理由」を、文字にして刻んでしまった。邪魔な亀が、百匹も登場して、せっかくの「天寿国曼荼羅繍帳」の描写を邪魔している。「天寿国曼荼羅繍帳」は自己矛盾を孕んでいるではないか。

「天寿国曼荼羅繍帳銘」の研究が進み、やはりこの銘文が新しかった可能性が高まった。たとえば金沢英之《かなざわひでゆき》によって、用いられた暦法《れきほう》が儀鳳暦《ぎほうれき》だから、儀鳳暦と元嘉暦《げんかれき》が併用された持統四年（六九〇）以降に作成されたことが明らかになったのである（『國語と國文學』七六―一一　明治書院）。

「天寿国曼荼羅繍帳」だけではない。法隆寺は建物、仏像、光背銘、ありとあらゆる擬古作の集合体なのだ。

法隆寺は歴史のアリバイ工作をしている

法隆寺を巡る不可解な現象。もちろん擬古作説に反論する史学者はあとをたたないが、『上宮聖徳法王帝説』が、決定的な答えを出しているように思えてならない。

『上宮聖徳法王帝説』は、法隆寺や廏戸皇子（聖徳太子）にまつわる金石文や伝記を集めて、羅列して解説する文書で、一般には、法隆寺の関係者が、廏戸皇子の業績を後世に伝えたかったのだろうと推理するが、ちょっと、変だと思う。

『上宮聖徳法王帝説』がこだわるのは、金石文に書かれた「廏戸皇子《うまやとのみこ》の死」にまつわる記事で、「廏戸皇子は亡くなった」ことを、これでもかこれでもかと、反復して確認する「不気味な文書」なのである。

何を目的に、『上宮聖徳法王帝説』は編まれたのだろう。法隆寺周辺に残された金石文の制作意図を、丸裸にする目的があったとしか思えない。

「そう言われてみれば」なのである。ひとつひとつ金石文を読んでもわからなかったことが、並べてみて、比べてみると、全体像が見えてくる。法隆寺周辺の金石文は、推古天皇の時代に聖徳太子が亡くなっていたことを、念を推すかのように、確認するものだった。つまり、偶像にすぎなかった聖徳太子の「死」を強調することで実在を印象づけたのだろう。これらは『日本書紀』

が示した歴史の、アリバイ証明であり、『日本書紀』編纂後にでっちあげられた嘘の物証だったのではあるまいか。そしてこれが、出雲大社と通じていると思うのである。

問題は、そこまでして『日本書紀』や藤原政権は何がしたかったのか、である。

『日本書紀』がもっとも苦心したのが、蘇我入鹿問題である。

藤原不比等の父・中臣鎌足（百済《くだら》王子・豊璋《ほうしょう》）は中大兄皇子《なかのおおえのみこ》をそそのかし、蘇我入鹿を暗殺することで、白村江《はくすきのえ》の戦い（六六三年）にヤマト政権（倭）を誘い込むことができた。ただし、唐と新羅の連合軍の前に、大敗北を喫し、豊璋は決戦の直前、百済の兵が籠城戦を展開する中、倭の水軍に紛れ込んで日本に逃げてきた（拙著『豊璋 藤原鎌足の正体』河出書房新社）。

当時の事情を良く知る人間にすれば、中臣鎌足は日本を奈落の底に突き落とした人であり、「鎌足の時代」は「思い出したくもない日々」だっただろう。

さらに、中臣鎌足が滅亡に追い込んだ蘇我本宗家は、本当は改革派で、民の支持も高く、それこそ聖徳太子のように慕われていた可能性が高く、その聖者のような蘇我入鹿を殺してしまった中臣鎌足の悪事を、いかにして「正義の戦い」にすり替えるか、『日本書紀』編者は苦心し、ありとあらゆるカラクリを用意したにちがいない。

カラクリのひとつが、聖徳太子（厩戸皇子）だろう。蘇我氏の業績を一度蘇我系の皇族（厩戸皇子）に預け、その厩戸皇子の子（山背大兄王《やましろおおえのみこ》）と一族（上宮王家《じょうぐうおうけ》）を蘇我入鹿が滅亡に追い込んでしまったという説話を創作し、蘇我入鹿を大悪人にすり替え、中臣鎌足がいつの間にか古代史最大の英雄に化けていたわけである。

この延長線上に、ヤマト建国史のすり替えと改竄があったわけで、蘇我氏の祖のみならず、藤原氏が陰謀を駆使して追い込んで滅ぼした政敵（古代名門豪族）の正体を抹殺するためにも、出雲神話を用意し、ヤマト建国の真相を闇に葬ったのだろう。

その執念は驚くべきもので、巨大な出雲大社という「たしかな物証」「壮大なアリバイ」を準備し、出雲国造家《いずもこくそうけ》を無理矢理意宇《おう》から引きずりだし、出雲大社の神職に据えたのだろう。

第五章　出雲神話の真実

なぜ大己貴神は全権を事代主神に委ねたのか

出雲をめぐる謎のひとつを、まだ解き終えていない。

神武天皇が正妃に迎えいれたのは、事代主神《ことしろぬしのかみ》の娘なのか大物主神《おおものぬしのかみ》の娘なのか。それが作り話としても、なぜ『日本書紀』と『古事記』では、異なる設定を用意したのだろう。ここに、なにか深い意味が隠されていたのか……。

『日本書紀』は神武の妃は事代主神の娘だったと言い、『古事記』は、大物主神の娘と言い……。多くの場合、『日本書紀』と『古事記』に差があったとき、『日本書紀』の歴史改竄の記事を、『古事記』が「ここに、ヒントが隠されている」と、スパイスをきかせるように、アクセントをつける程度の違いを見せて、大きな答えを提示しようとする例が多かった。

ならば、『古事記』の言う、「神武の正妃は大物主神の娘」が正解なのだろうか。ふたつの設定の、どこがどう違うと言うのだろう。

ここで気になるのは、事代主神（言代主神）のことなのだ。

出雲の国譲りの場面で、経津主神《ふつぬしのかみ》たちの要求に対し、大己貴神《おおあなむちのかみ》（大国主神）は「子の言うことに従う」と、事代主神（言代主神）の判断に任せた。大己貴神は御穂《みほ》に使者を送り、事代主神の意見を聞いたのだ。全権を事代主神に委ねている。

なぜ、大己貴神は主体性を発揮しなかったのか。なぜ、事代主神の意見を尊重したのか。ここがよく分からない。事代主神は、出雲の国譲りの主役だったのではあるまいかと、勘ぐっている。

そして、これまで述べてきたように、出雲の国譲りは「旧出雲国」の事件ではなく、北部九州で勃発していたのではないかと疑っている。『日本書紀』は、「出雲の御穂（島根半島の東端）に事代主神はいた」と言うから、さらにわれわれはワナにはまっていくのだ。しかし、事件が起きた現場は、北部九州である。

北部九州で事代主神は、天上界（ヤマト政権）の要求を呑んだ。そして、船を踏み傾けて、天の逆手を打って、船を蒼柴籬《あおふしがき》（青柴垣《あおふしがき》。祭壇。神籬《ひもろぎ》）に変えて、隠れていった。つまり、呪術のしぐさ（マジック）をして去って行った（『古事記』）。この場面の事代主神は、トリッキーであり、大己貴神よりも、神がかっている。素直に消えていったわけではない。要求を受け入れているが、無気味な、後味の悪さを感じさせる去り方だ。

そして、くどいようだが、これは、出雲で起きた事件ではないだろう。北部九州の悲劇にちがいない。とすると、事代主神とは何者なのか、だれをモデルにして創作されたのか、そこが気になってくる。

鴨都波神社（奈良県御所市）。崇神天皇の勅命により大賀茂都美命が創建したとされる

事代主神は、天稚彦《あめわかひこ》でアジスキタカヒコネで仲哀《ちゅうあい》天皇ではあるまいか。その根拠は、事代主神が「カモ」だったからである。

「カモ」だらけの葛城

奈良県御所市の鴨都波《かもつば》神社の祭神は事代主神だ。『延喜《えんぎ》式』神名帳《じんみょうちょう》には、「鴨都《かもつ》波《は》八重《やへ》事代主命神社」とあり、「鴨神社」と略称で呼ばれることもあったらしく、今でも「鴨の宮」「鴨明神」と呼ばれ、高鴨神社の「高鴨社」に対して、「下鴨社」と称されることもある。

ちなみに『令義解《りょうのぎげ》』には、鴨都波神社が大《おお》神《みわ》神社、大和《おおやまと》神社とならぶ、代表的な地祇《ちぎ》（国《くにつ》神《かみ》）と記録されている（この事実はあまり知られていない）。

もうひとつ「カモ」だらけの事代主命の記録がある。『新撰姓氏録《しんせんしょうじろく》』の大和国神別《やまとのくにしんべつ》の賀茂朝臣《かものあそん》の段に、賀茂朝臣が大神朝臣の同祖で、大田田根子《おおたたねこ》の孫の「大賀茂都美命《おおかもつみのみこと》」が「葛城の鴨」に事代主神を奉斎したとある。

また、「葛城の鴨」ではない場所に祀られていながら、「鴨」を冠して事代主神を祀る神社が存在する。『延喜式』神名帳に、高市御県坐鴨《たかいちみあがたにますかも》事代主命神社（大和国高市郡）の記載があり、現在、橿原《かしはら》市四条町に「高市御県神社」が鎮座する。

このように、事代主神は葛城山麓や、少し東側の高市郡で「鴨」とつながっていたことが分かる。

出雲神の事代主神と「カモ」の関係を、どう考えればよいのだろう。そもそも「カモ」とは何か。

高鴨神社の祭神は事代主命ではなくアジスキタカヒコネだ。『延喜式』には、高鴨阿治須岐託《たかかもあじすきたか》彦根命《ひこねのみこと》神社が記録され、祭神は味鉏高彦根神《あじすきたかひこねのかみ》とある。ただし、この高鴨神社の祭神と北側で祀られる一言主神《ひとことぬしのかみ》は、古来同一視されてきた。そして、一言主神は、言代主神（事代主神）と同一視されていた時代もあった。

そこで一言主神について、説明しておこう。

葛木坐《かつらぎにます》一言主神社の祭神は、『神社明細帳』に、事代主神と幼武尊《わかたけるのみこと》（雄略《ゆうりやく》天皇）とあり、『大和志料《やまとしりよう》』には、一言主神と雄略天皇を祭神と記録する。このあたりの事情は、すでに第三章で説明してある。一言主神と雄略天皇の邂逅説話や、雄略天皇が一言主神を土佐に流してしまったこと、『土佐国風土記』逸文には、一言主神をアジスキタカヒコネと記録されていたことも、指摘しておいた。土佐国造は賀茂氏と考えられていて、ここに「カモ」を中心に奇妙な縁が生まれていたのだ。そして、「カモ」と言えば、頭八咫烏《やたのからす》＝賀茂建角身命《かものたけつみのみこと》を思い浮かべる。

頭八咫烏は神武《じんむ》天皇が熊野で道に迷い困窮しているとき、アマテラスが遣わした「導く神」でもある。神武を助けた功労者だった。そして賀茂建角身命は、はじめ葛城に拠点を構え末裔は葛城国造に任ぜられるが、のちに南山城の岡田に移り、さらに京都盆地の北側に拠点を移している。賀茂建角身命は京都の下鴨神社の祭神でもある。

葛城は、「カモ」だらけだ。また、一言主神も祀られる。一言主神（一事主神）は言代主神（事代主神）と混同され、同一視されることもある。

葛城になぜ「カモ」の人脈が集まるのか

葛城周辺になぜ「カモ（賀茂、鴨）」の人（神）脈が集まっているかというと、そもそも葛城山は古くは「鴨山」と呼ばれていたからだろう。

「鴨山」に拠点を構えたのが「カモ氏」で、「カモ氏」が祀ったから、葛城の神々には、「カモ」の名が冠せられたわけだ。

ただし、カモ氏にも天神系と地祇系（国神）のふたつの流れがあって（『新撰姓氏録』）、京都の下鴨神社（天神系）は、かたくなに「葛城のカモとは別」と主張している。ちなみに葛城の賀茂氏は、三輪氏同族で、いわゆる出雲系とされている。

神々を天神と地祇に分けたのは政治的な思惑がからんでいて、よくよく考えれば、『日本書紀』神話が勝手に神々を色分けし、後世の権力者の采配によって、ランク付けが進んだにすぎない。神話の中で天上界から地上界に下ってきた神々が、天《あま》つ神であり、地上界で暮らしていた神は、国《くに》つ神だ。

その天上界は「創作」された仮想空間であり、出雲の国譲りが北部九州の事件で、仕掛けた「天上界」は「現実のヤマト」だったと思われる。また、物部氏の祖のニギハヤヒは天上界から天磐《あまのいわ》船《ふね》に乗ってヤマトに下ってきたと『日本書紀』は言うが、ニギハヤヒの本当の故地は吉備《きび》であろう。

このように、天つ神の定義は、『日本書紀』神話のストーリーと連動していて、その神話そのものが、じつに政治的だし、理路整然と区分けされたわけではない。穢《けが》れた鬼あつかいされたスサノヲも、天上界から地上界に降り立ったという理由だけで天つ神に分類されていることからも、よく分かる。

藤原氏や中臣氏が、しっかり天つ神の末裔になっているのは当然としても、手に負えない乱暴者で天皇家の祖神に迷惑をかけたスサノヲが天つ神系なのは、神話の成り行き上、「やむを得なかった」ことなのだろう。

葛城の「カモ氏」と下鴨神社の「カモ氏」の場合、下鴨神社の「カモ氏」が、秦氏と結ばれ、力をつけたこと、平安時代以降、政権の中枢と接点を持ち、政治力と発言力を獲得する過程で、反藤原派だった自家の歴史と系譜が邪魔になり、「ヤマトの古く廃れた氏族と一緒にしないではほしい」と、過去を捨てたのではなかったか。そうしなければ、生き残れなかったのだと思う。藤原氏に試され「踏み絵」を突きつけられた可能性も疑っておきたい。

そうなってくると気になるのは、「葛城と伊勢（東海勢力圏）の関係」である。

伊勢内宮が今日の形に整備されたのは七世紀末だが、すでに触れたように、内宮正殿の真裏に鎮座する荒祭宮《あらまつりのみや》が、本来の祭祀の場だったことが分かっている。しかも、そこは東海地方の土着の神を祀っていた可能性が高い。

問題は、葛城山頂と伊勢内宮を東西に結ぶラインが同緯度線で、しかも、内宮正殿ではなく、荒祭宮が、正確に葛城山頂と同じ緯度に並んでいることなのだ（『巨大古墳の聖定』渋谷《しぶや》茂一《しげかず》六興出版）。「電算処理」によって導きだされた、正確な情報である。内宮正殿は、本来の伊勢の東海地方の祭祀の場から、遠慮がちに少しずらした場所に、建てられたことが分かる。

もうひとつ確認しておくが、内宮が整えられる直前に伊勢斎宮が出現していたが、ここは三輪山麓の檜原《ひばら》神社と同緯度にある。こちらは天武《てんむ》天皇が構築した太陽の道で、尾張氏と強い絆で結ばれ、尾張氏の活躍で壬申《じんしん》の乱（六七二年）を制することができた天武が、その信頼関係を可視化するためにも、東海とヤマトの同緯度の聖点を結んでみせたのだろう。

天武によって斎宮と檜原神社で太陽の道は完成していたのに、持統《じとう》天皇は必要のない伊勢内宮を造営したことになる。

そして、なにが言いたいかというと、東海地方の人びとは、伊勢と葛城を結ぶ東西の太陽の道を重視していたことだ。天武はこの「東海の古い太陽の道」を模して、東海→「東海の聖地・葛城」ではなく、東海→「ヤマト中枢の聖地（三輪山山麓の檜原神社）」をつないでみせたのだ。ヤマト黎明期に裏切られた東海地方の名誉回復の可視化でもあった。葛城の「高尾張《たかおわり》」の地名も、このような歴史を踏まえると、無視できなくなる。

ヤマト建国後の大きな枠組みが見えてきた

東海地方と葛城山のつながりは、神武東遷の場面でも顕著だ。神武が熊野で難儀し、これを助けた人びとも葛城山とからんでくるし、彼らが、アジスキタカヒコネ、天稚彦と、関わりをもっている点が、大きな意味をもってくると思う。しかも、アジスキタカヒコネ、天稚彦、仲哀天皇は、東海地方とも関わりをもっていた。

ここで神武と「カモ」の関係をおさらいしておこう。

熊野で神武を救ったひとりが高倉下《たかくらじ》で、『日本書紀』は「熊野の高倉下」と記し、アマテラス→武甕槌神《たけみかづちのかみ》→高倉下と渡った霊剣を、神武が受けとり、精気を取り戻している。『先代旧事本紀《せんだいくじほんぎ》』は、この高倉下を、尾張系と記録した。

もうひとり、神武が熊野山中で道に迷っていると、アマテラスは頭八咫烏を遣わし、先導役を務めさせた。謎めく頭八咫烏だが、『山城国風土記』逸文と『新撰姓氏録』を重ねると、下鴨神社（賀茂御祖《みおや》神社）の祭神で賀茂氏の祖神でもある賀茂建角身命だったことが分かる。

賀茂建角身命は、はじめ葛城に拠点を構え、その後南山城を経由して、下鴨神社の地に移動していたという。やはり、「カモ」と東海系の山・葛城は、つながっている。

神武のヤマト入りを最後まで拒み続けたのがナガスネビコで、この人物が第十二代景行天皇と同一だったこと、東海系のタラシの王家の始祖だったことは、すでに述べている。

東海系のナガスネビコは神武を拒否し、熊野で別の東海系の人びとが神武に手を貸していた。これもすでに触れたように、東海勢力はふたつに分裂していたのだ。ヤマトの東海勢力を代表していたのはナガスネビコで、同じ東海勢力で最後のタラシの王・仲哀天皇の北部九州における覇権の確立を拒んだ。そしてその後、台与《とよ》＝神功皇后《じんぐうこうごう》は王に立ったが、中国の魏《ぎ》が晋《しん》に入れ替わった時点で、命運は尽きていたのだ。その後、神功皇后と住吉大神《すみよしおおみかみ》（武内宿禰《たけうちのすくね》）の子（あるいは末裔《まつえい》）がヤマトに招かれた。これが神武であり、「仲哀天皇派の東海勢力」が、ヤマト入りの手助けをしたのだろう。

つまり、ふたつに分かれた東海勢力の「仲哀天皇派」こそ、高倉下であり、頭八咫烏（賀茂建角身命）だったことになる。彼らは、神功皇后と住吉大神を恨むことなく、むしろ「仲哀天皇と神功皇后の間に生まれた御子は、神功皇后と住吉大神の間に生まれた御子の父親違いの兄」として、手をさしのべたのではなかったか。

ここに、ヤマト建国後の大きな枠組みが見えてきたのである。

纒向《まきむく》に集まった外来系土器の約半数が東海や近江のものだった。ヤマトに大きな集合体が生まれ、彼らの中から、北部九州に派遣されたのが、東海系タラシの王家の仲哀天皇と近江の神功皇后、さらには、武内宿禰（住吉大神）であり、この人物が日本海のタニハ出身だったことは第三章で触れたとおりだ。

改革派でもあるヤマトの指令は、「親魏倭王の卑弥呼を殺すな」だったかもしれない。しかし仲哀天皇らは命令に背き、あるいは意図に反して、卑弥呼《ひみこ》を滅亡に追い込んでしまった。そこで、やむなく仲哀天皇が邪馬台国の王に立とうとするも、吉備と東海勢力を中心とするヤマト政権は、仲哀天皇の即位を拒んだ。その後、台与が即位するも、歴史からフェードアウトし、子か末裔の神武が、ヒョウタンから駒の形でヤマトに招かれたわけだ。

なぜ神武天皇は遠回りして熊野に向かったのか

改めてここで疑問に思うのは、神武がなぜ大きく遠回りをして熊野に向かったのか、である。そして、なぜ熊野から、神武を救う人々が現れたのか。そしてなぜ、それが東海系の人びとだったのか。

まず、仲哀天皇が北部九州に向かう直前、和歌山市付近に滞在していた点は、じつに暗示的なのだ。紀伊半島は「南海道」に分類されている。そして、武内宿禰が九州に向かうときも、「南海（南海道）」を使っていた。紀の川（吉野川）を下り、四国の北岸か南岸を経由していく海の道だ。

つまり、仲哀天皇も武内宿禰も、北部九州組（敗者組）は、南海を利用する人びととイメージされていたのであり、それはなぜかと言えば、ヤマト建国時、河内に拠点を構え、北部九州遠征に無関心だった吉備が、最大の敵になってしまったからだろう。

そして熊野は、山と森しかない未開の地と、ついつい想像しがちだが、伊勢湾沿岸部の海人たちにとっては木材（建材や船）の供給地であり、鉄器を生産するための燃料が採れる地でもあった。よそ者が迷い込めば行き先を見失うであろう熊野の大森林は（事実神武は、途方にくれている）、資源の眠る貴重な「お宝」だった。

さらに、東海系の反主流派（ナガスネビコの敵。仲哀天皇派）は、優秀な海の民だった可能性が高い。伊勢湾沿岸部に流れこむ大河川が邪魔して、濃尾平野《のうび》の東西は、陸路が遮断されていて、頼りになるのは「水上交通」だった。

ちなみに、内陸部の岐阜県大垣市の木曽三川のひとつ揖斐川《いび》の西側に位置する荒尾南遺跡《あらおみなみ》の方《ほう》形周溝墓《けいしゅうこうぼ》の溝からみつかった弥生《やよい》後期の壺に、海人《あま》の痕跡があった。船の線刻画《せんこくが》が刻まれていて、八十二本の櫂で漕ぐ、想像を絶する大型船だった。

尾張氏のまわりに「大海氏《おおあま》」や「海部《あまべ》」が存在するのは、地域の特殊性を示している。

また、仲哀天皇たちは北部九州の奴国を頼って拠点を構えたが、奴国王の末裔は阿曇氏《あずみ》だった可能性が高く、彼らは日本を代表する海の民で、すでに弥生時代、朝鮮半島との間を自在に往き来していたし、日本列島中に水上交通のネットワークを構築していただろう。だから、奴国と東海の海の民が繋がっていた可能性がある。邪馬台国の時代、奴国は西隣の大国・伊都国《いと》と競り合っていたから、ヤマトと手を組んだのだろうし、直接奴国に乗り込んできた東海系仲哀天皇と、命運をともにしたのだろう。

一方、瀬戸内海の海の民にも個性があった。彼らは特殊技能者だった。

瀬戸内海は外海と複数の出口でつながる内海で多島海《たとうかい》だから、潮の流れが速く、暴れまわった。ここを「よそ者」が航行することは困難で、だからのちに、通行料をやや強制的に徴収する村上水軍も出現した。代理人となって神に航海の無事を祈る仕事だ。

「お賽銭《さいせん》をあなたの代わりに神様に届けましょう。そうしないと、神様が怒りますよ」

と脅して、従わなければ、島影から「神の代理人？」が現れて襲う。要は合法的な？海賊である。

ただ、彼らは弥生時代、外洋に積極的に進出していたわけではなさそうだ。要は、瀬戸内海を乗りこなす専門職であった。弥生時代に朝鮮半島に行き来していたのは、主に日本海の海人たちだ。一方、瀬戸内海の海人の強みは、よそ者には近寄りがたいが、潮のクセを熟知し、潮に任せれば漕《こ》がなくとも航海が可能な瀬戸内海で暮らしていることだった。

その瀬戸内の海人たちも、ヤマト建国後は国内流通のメインルートとなった瀬戸内海を支配し、富を蓄《たくわ》え、さらには外海に出て朝鮮半島や中国に行っただろう。

つまり、瀬戸内海勢力は勝ち組みであり、紀伊半島を含めた「南海」を頼りにしたのは、北部九州で敗北した者たちだった。だから、神武は東海系でも、熊野の海の民を頼ったのだろう。

珍彦と日本大国魂神は東海系？

分裂した東海勢力の片割れで、最初に敗れた仲哀天皇の子・誉津別皇子《ほむつわけのみこ》の末裔が「反主流派の東海系」となった。また、アジスキタカヒコネや天稚彦が、仲哀天皇と同一だったことはすでに触れてある。彼らは仲哀天皇を神格化した存在だったわけだ。そして、誉津別皇子の系統も、王に立つ資格があったことは、倭彦王の事例から明らかになった。つまり、一度敗れた「東海勢力の中の反主流派」が恨んでいたのは畿内に残っていたヤマト政権であって、同母兄弟の神武（応神）天皇を恨むどころか、助ける側にまわったと理解できる。

ここで、神武天皇のヤマト入りを助けたもうひとりの人物を紹介しておこう。それが、珍彦《うずひこ》（椎根津彦《しいねつひこ》）だ。

『古事記』には、次の説話が載る。神武天皇が吉備からヤマトに向かうとき、亀の甲羅に乗り、釣りをしながら羽ばたく人が、速吸門《はやすいのと》（明石海峡《あかし》）に現れた。「国つ神でよく海の道を知っている」「仕《つか》える」というので、竿を渡して船の中に引き入れた。そこで「槁根津日子《さおねつひこ》」の名を下賜した。倭 国 造《やまとのくにのみやつこ》等の祖だとある。

『日本書紀』の話は少し違う。神武天皇は速吸之門《はやすいなと》（豊予海峡《ほうよ》）で舟に乗った漁人に出会う。名を問うと「国神の珍彦」と言った。釣りを生業にしているが、天神の子がいらっしゃると知り、迎えにやってきたという。「お前は私を導くか」と尋ねると、「先導いたしましょう」というので、椎竿《しいさお》をさしわたして神武の皇舟《みふね》に引き入れ、海導者に任命し、椎根津彦の名を下賜した。

そして椎根津彦は神武をヤマトに導き、天香具山《あまのかぐやま》祭祀では、主役級の活躍をした。その功績を称えられ、ヤマト（大和）の国造に任命されている。倭 直《やまとのあたい》である。

珍彦（椎根津彦）は亀に乗って釣り竿を持っていたというから、海の民であることは間違いなく、なぜ内陸部の国造に任ぜられたのか、謎めく存在である。

問題は、倭直が東海系だった可能性が高いことだ。

まず、倭直は日本《やまとの》（倭）大国魂神《おおくにたまのかみ》を祀っていた。大和《おおやまと》神社（奈良県天理市）の祭神だ。そのため、ヤマトの土着の神と、一般には考えられている。

第十代崇神天皇は、宮中でアマテラスと日本大国魂神を祀っていたが、神威が強すぎて、とてもではないがいっしょに暮らせないと、二柱の神を、宮から外に追い出している。第十一代垂仁天皇の時代、アマテラスは伊勢の地に遷し祀られた。

門脇禎二《かどわきていじ》は、土着の神と天上界から降りて来たアマテラスを並んで祀ったから、機嫌を損ねたと推理している（『古代日本の「地域王国」と「ヤマト王国」上』学生社）。

しかし、なぜアマテラスを宮に残さなかったのだろう。どちらの神も恐ろしかったから、放逐したのだろう。ならばなぜ、天皇が祖神のアマテラスを恐れたのか。土着の日本大国魂神も恐ろしかったのはなぜか。

森浩一《もりこういち》は、考古学の視点で、日本大国魂神と東海地方のつながりを指摘している。渟《ぬ》名《な》城入《きいり》姫命《ひめのみこと》が日本大国魂神の祭祀を命じられたが、母は尾張系だった。そして、倭直のお膝元の大和古墳群に五基の「前方後方墳」が造られていた。奈良盆地の中でも、前方後方形墳丘墓の密集地帯だったのだ（『日本神話の考古学』朝日新聞社）。

また、天理市の大和古墳群にある東殿塚《ひがしとのづか》古墳から三隻の船の線刻をあしらった円筒埴輪がみつかっている。森浩一は、ここが倭直の勢力圏だったこと、船と強くつながっていた点を重視している。

神武天皇のヤマト入りを手助けした功労者・珍彦＝椎根津彦は、「敗れた側の東海系」であろう。

仲哀天皇に命令を下した神々

ここまで分かったところで、事代主神の謎にもどる。

先述した『日本書紀』仲哀天皇九年三月条に登場した神々の名を、思い出してみよう。仲哀天皇に神託を下した神々だ。

（1）神風《かみかぜ》の伊勢《いせの》国の百伝《ももづた》う度逢県《わたらいのあがた》の拆鈴五十鈴宮《さくすずいすずのみや》に坐《ざ》します神。名は撞賢木厳之御魂天疎向津媛命《つきさかきいつのみたまあまさかるむかつひめのみこと》（アマテラスの荒魂《あらみたま》）

（2）尾田《おだ》の吾田節《あがたふし》の淡郡《あわのこおり》に坐す神。「志摩《しま》国答志《とうし》郡」の神で、要は稚日女尊《わかひるめのみこと》を指している（アマテラスの子か妹と考えられている）。

（3）天事代虚　事代玉籤入彦厳之事代神《あめのことしろそらにことしろたまくしいりひこいつのことしろのかみ》。天に空に広く託宣する神で、「事代」とあるように、事代主神（言代主神）のこと。

（4）日向《ひむかの》国の橘　小門《たちばなのおど》の水底にいて、水草の葉のように稚やかに芽ぐみ現れる住吉三神《さんしん》。

神功皇后は、「もっとほかにいらっしゃいますか」と問うと、「あることもないことも知らない」と告げたという。

さて、この中の神々が、仲哀天皇に託宣を下し、殺したということなのだろうか。

（4）の住吉大神は武内宿禰ならば、他の神々はだれだろう。

（1）の天照大神の荒御魂は曲者で、伊勢のアマテラスが男神で、しかも三輪の大物主神と同一だったことは、他の拙著の中で、これまでくり返し述べてきた。そのため、ここで改めて証明しようとは思わない。大物主神は、タニハの王だ。

（2）の稚日女尊は、「稚＝鬼」の「ヒメ尊」であり、最強の祟る女神となる。

そして私見どおり、武内宿禰が住吉大神とすれば、この神が怪しい。住吉大神は仲哀天皇の崩御ののち、夫婦の秘め事をしたというのだから、住吉大神が仲哀天皇をワナにはめたと考えることも可能だ。

さらに、神功皇后の新羅征討に際し、奇妙なことが起きる。船を集めて調練しようとしたが、兵が集まらない。これは、神の意思に違いないと考え、大三輪社（奈良県桜井市の大神神社の祭神は大物主神）を建てて刀と矛を奉納した。すると、軍勢が集まってきた。そして、住吉三神の御魂が神功皇后を守り、遠征を後押しした。

なぜ、三輪の神と住吉大神が、ここで神功皇后の味方をしたのか。住吉大神は武内宿禰だから当然としても、三輪の神が唐突に現れるのは、なぜか。

『古事記』にも、そっくりな記事がある。神託はアマテラスの意志であったこと、そして、住吉三神は、自身の御魂を船の上に鎮座させて渡海するように命じている。

この記事は、住吉三神の存在感を際立たせているし、『古事記』の場合、ここから急に住吉三神が活躍するのだ。もっぱら住吉三神だけが目立つ。くどいようだが、住吉三神は武内宿禰なのだから、当然といえば当然なのだが。

応神天皇と共に四柱の亡霊が行進した

これらの神々は、もう一度揃って『日本書紀』に登場している。

まず、仲哀天皇九年十二月に住吉三神が登場する。神功皇后が新羅から九州に凱旋し、応神を産んだあとだ。遠征に加勢した住吉三神が神功皇后に教えて、「私の荒魂は穴戸《あなと》の山田邑《やまだのむら》（下関市の住吉坐荒御魂《すみよしみますあらみたま》神社）に祀らせよ」と言われた。穴門直の祖の津守連《つもりのむらじ》の祖の田裳《たも》見宿禰《みのすくね》らに祀らせた。津守連は尾張系だ。

問題はこのあとだ。神功皇后摂政元年二月に、応神の東征記事が載る。神功皇后らは瀬戸内海を東に向かい、応神に武内宿禰を副えて紀の川の河口付近に留め置き、神功皇后は自ら難波を目指したとき、神功皇后の舟が進まなくなり、複数の神が登場したことは、すでに述べてある。そのとき現れた神は四柱で、まず、（1）アマテラスの荒魂を神功皇后から引き離して、広田国《ひろたの》（西宮市大社町の広田神社）に祀った）。（2）次に、稚日女尊《わかひるめのみこと》を活田長峡国《いくたのながおの》で祀らせた（神戸市中央区の生田神社）。（3）次に、「事代主尊」を長田国で祀った。（4）また、住吉三神の和魂を大津の渟中倉の長峡（大阪市住吉区）に祀ったとある。

ここで、なぜ神功皇后らには縁もゆかりも無い事代主神が、登場したのだろう。しかも、「尊」の尊称を与えられているのはなぜか。稚日女尊と事代主尊の二柱が、なぜ「尊」なのか。アジスキタカヒコネの「迦毛大御《かものおおみ》神《かみ》」に通じる謎だ。

なぜ、仲哀天皇の死と神功皇后のヤマト帰還に、稚日女尊と出雲の事代主神（尊）がまとわりついてくるのだろう。なぜ、ふたりの神に「尊」の尊称が副えられているのか、分からないことばかりだ。

しかし、これまでの推理を当てはめれば、謎は解けてくるのではあるまいか。事代主神と稚日女尊だけではなく、これら四柱の神々は、仲哀天皇の縁者だから登場したのだろう。しかも「彼らそのもの」と考えれば、神々の正体がはっきりとする。

一番分かりやすいのは（4）の住吉大神で、神功皇后と夫婦の秘め事をした神であると同時に、神功皇后と応神を支え続けた功臣《こうしん》・武内宿禰であろう。（2）の稚日女尊は「稚」で祟る女神だから、台与《とよ》＝神功皇后がふさわしい。（1）アマテラスは大物主神であり、日本海を代表する神だ。この神は「物の主」で、「物」は「鬼」であり「神」でもあるから、大物主神は「神の中の神」「鬼の主の神」であって、超越した存在で象徴的だから、ここでは特にモデルを特定する必要はないと思う（私見は大物主神をタニハの王・スサノヲとみる。詳細は拙著『スサノヲの正体』に記した）。

そして、残った（3）だ。事代主尊は、いったいだれだ。なぜ、仲哀天皇、神功皇后、応神の前に姿を現したのだろう。

事代主神は出雲の国譲りで決断を下して去って行った。大国主神は、事代主神に判断を委ねていた。なぜ、事代主神に重い責務を負わせたのだろう。

事代主神が「東海系の神々が集うカモの地・葛城」に祀られたところに、大きなヒントが隠されていたのではなかったか。すでに仮説を掲げていたように、事代主神はアジスキタカヒコネや天稚彦と同類であり、仲哀天皇そのものではなかったか。

そう考えると、例の四柱の神々が、なぜ応神天皇の東征に同行し、途中、各地に鎮座していったのか、その意味がはっきりとしてくる。
（3）事代主尊、（2）稚日女尊は、仲哀天皇と神功皇后の夫婦であり、さらに（4）の住吉大神は、（2）の稚日女尊の後添えの夫である。
応神（神武）東征時、実際には、神功皇后も武内宿禰ももはや亡くなった人だったのだろう。そして、だからこそ、四柱の神々が、応神に寄り添い、また、祀られていったのだろう。四柱の神々は、北部九州で裏切られた者どもの亡霊である。

『古事記』には、応神天皇がヤマトに向かったとき、神功皇后は応神天皇がすでに亡くなったと嘘をつき、喪船を用意したとある。敵を油断させたという設定なのだろうか。そうではなく、何やら無気味なイメージが漂う。

この説話、実際には、四柱の神が恨み、祟る亡霊となって恐怖を振り撒いた話と、思われる。

事代主尊と稚日女尊の二柱に「尊」の尊称が与えられたのは、「仲哀天皇も神功皇后も王に立っていた」と認め、崇め、敬い、恨みを解き放とうとする目的ではなかったか。

応神の東征は、亡霊たちの行進でもあったのだ。事代主神の正体が摑めたことで、四柱の神々の意味が、ようやくはっきりとしたのである。逆に言うと脈絡もなく事代主神が登場したから、訳がわからず、この謎を放置していたのである。

なぜ神武天皇の妃が事代主神の娘なのか

ここで、神武天皇の正妃問題にもどろう。

なぜ『日本書紀』は、神武天皇の皇后が事代主神の娘と言ったのだろう。また、『古事記』は、大物主神の娘だと言い直し、『日本書紀』の設定とは異なる説を述べている。

『古事記』が現存最古の歴史書とする説が根強いが、すでに述べたように、「『日本書紀』よりも先に完成した」と証言する『古事記』序文は信用できず、『日本書紀』は『古事記』について一切触れず、『古事記』から引用もしていない。『古事記』は長い間地下に潜っていた歴史書で、おそらく権力者（藤原氏）にみつかってはいけない文書だったのだろう。それはなぜかと言えば、ところどころ、『日本書紀』の嘘を覆す「気の利いた一言」（スパイス）が残されているからだ。景行天皇のスネが長かったという暴露話は、まさに『古事記』の真骨頂といえよう。

その『古事記』が、神武天皇の正妃に関して、『日本書紀』と異なる話を用意したとなれば、これを軽々に扱うべきではない。何かしらの意図を感じずにはいられないのである。

『古事記』は、『日本書紀』の嘘を正そうとする文書という視点から言えば、神武天皇の正妃は、事代主神の娘だったという『日本書紀』の「設定」に、何かしらの歴史改竄のカラクリがあって、それを『古事記』編者があえて「大物主神の娘だった」と記すことによって、真実の歴史を伝えようとしていたに違いないのだ。

ならば、なぜ『日本書紀』は、事代主神の娘が神武の正妃に迎えられたという設定を用いたのだろう。

まず、神武天皇はなぜ敗者なのにヤマトに招かれたのかというと、筆者は、大物主神の祟りを鎮めるためと推理してきた。しかしここに来て、違うのではないかと思えてきたのだ。

ここでまず気になるのは、大物主神のことだ。

実在の初代王・崇神天皇の時代、大物主神が祟り神となって大暴れしたが、第七代孝霊《こうれい》天皇の娘でヤマトを代表する巫女である倭迹迹日百襲姫命《やまとととひももそひめのみこと》が大物主神の妻となる。

倭迹迹日百襲姫命は、大物主神が夜しかやってこないので、姿を見てみたいと懇願した。そこで大物主神は、「見てはならない」と釘をさした上で、小蛇《こおろち》の姿を現す。倭迹迹日百襲姫命は驚き、大物主神は怒って帰り、倭迹迹日百襲姫命は尻餅をついて、箸でホト（陰部）を突いてしまい亡くなった。倭迹迹日百襲姫命の墓が、三輪山麓の箸墓《はしはか》古墳（箸中山《はしなかやま》古墳）である。

ヤマト最大の崇り神は大物主神ではなく台与（神功皇后）

恐ろしい祟り神の大物主神を鎮めるには、巫女が必要だった。ヤマトの最高の地位にある巫女と結ばれることで、大物主神は穏やかになるはずだった。しかし、倭迹迹日百襲姫命は、しくじったのだ。あるいは、人身御供となった……。

問題は、それでも神武天皇が求められた理由を知りたい。ヤマトが求めたのは、男巫《おとこみこ》ではなく、倭迹迹日百襲姫命なみの巫女ではなかったか。つまり、大物主神を祀った「大物主神の子」は、神武天皇が妃に指名した『古事記』の言うところの「大物主神の娘」にほかなるまい。ならばなぜ、神武天皇（男巫）が求められたのか。

そこで、例の四柱の神が思い出される。「尊」の尊称が、ここに来て大いに気になる。事代主尊は、アジスキタカヒコネであり天稚彦であり、仲哀天皇で、ヤマトを恨む恐ろしい存在だ。そしてもうひと柱、稚日女尊がいる。こちらも「稚」だから、祟る恐ろしい鬼だ。そしてその正体は、祟る神功皇后であろう。

神功皇后が国母としてヤマトの出発点に立ったのは、この女性がだれよりも恐ろしい祟りを振り撒くと信じられたからではなかったか。疫神の大物主神の影に隠れ、この女神の存在を、われわれは見落としていたのだ。

伊勢の外宮に豊受大神《とようけのおおかみ》が祀られ、「外宮先祭」のルールが作られ、守られたのも、ヤマト政権がもっとも恐れていた神が、「台与＝神功皇后＝豊受大神」だったからだろう。

最初の夫（仲哀天皇）は失意の中追いやられ（殺された？）やむなく台与（神功皇后）自身が王に立つも、魏が晋に入れ替わってしばらくして、ヤマトは台与を裏切り、台与は歴史からフェイドアウトしていく。台与こそ、すべての悲劇を見守ってきた女傑であり、弥生時代後期の女王が各地で林立していた時代、女王の地位は高く、多くの人々の支持を集めていただろう。その台与が、ヤマトに捨てられ、南部九州に落ち延びていった……。

すでに述べてきたように、一連の事件が出雲の国譲りと天孫降臨神話になったのであって、すべての悲劇を、台与は目撃し、追い詰められていったのだ。ヤマトを一番恨んでいるのは、夫を殺され、国を奪われた台与（神功皇后）であろう。

ここに、なぜ『日本書紀』が神武天皇の正妃は事代主神と言い、『古事記』は『日本書紀』の主張を覆し、大物主神の娘と言い出したのか、その真意が見えてくるのではないだろうか。

出雲大社は壮大なアリバイ工作

大物主神のモデルは日本海（タニハ）の零落した王であり、ヤマト建国前後の主導権争いの中心に立っていた（仕掛けた）人物（スサノヲ）だろう。だからこそ、日本を代表する鬼の主にもなった。人口が激減するほどの疫病（祟り）をもたらし、崇神天皇は震え上がった。

そこで崇神天皇は、祟りを封じこめるために、大物主神の子（末裔）を探し出して祀らせたと

『日本書紀』は言う。筆者はこれこそ、神武天皇だったと推理してきた。しかし、大物主神を穏やかにするには、巫女が必要だった。男王（神武）はお呼びでない。しかし、現実には、男王がヤマトに迎え入れられたのだ。ここに、大きな謎が隠されていた。

神武は、祟る女神を鎮めるために求められた男巫ではなかったか。つまり、ヤマトに最大の祟りをもたらしたのは、大物主神ではなく、稚日女尊＝台与（神功皇后、豊受大神）だったのではないかと疑っているのだ。

もちろん、『日本書紀』は、この事実を明かすことはできなかっただろう。ヤマト建国の真相を暴露するようなものだからだ。大物主神も恐ろしかっただろうが、夫を殺された挙げ句、捨てられた女王の恨みは深く、だからこそ、「事代主尊」と「稚日女尊」の、夫婦に「尊」の最高尊称を与えたのだろう。そして、真相はすべて出雲の国譲り神話に封印し、ヤマト建国前後の主導権争いの歴史を、きれいに消し去ったつもりでいたのだ。

八世紀の藤原政権は、出雲の国譲りが「本当に出雲で起きていた」ことを広く知ってもらうために、出雲国造（事代主尊＝仲哀天皇と稚日女尊＝神功皇后を裏切った側の東海系）を、意宇の地から出雲に移させ、出雲大社を祀らせるようになったのだろう。その出雲大社には、「一道に向かえ」と命じられた仲哀天皇（事代主尊）が、西を向いて祀られていたわけだ。

ついでまでに言っておくと、なぜ敗れた東海勢力の頭八《や》咫《た》烏《がらす》（賀茂建角身命）は神武天皇を助けたあと、葛城から山城南部、さらに下鴨神社の場所に移ったのかと言えば、こういう理由からだろう……。京都盆地の西側には「タニハ（丹波。亀岡市）」が迫っていた。「裏切られた東海勢力」は、東海に逃げることができず、仲哀天皇にとっての運命共同体だった日本海（具体的にはタニハ）に救いを求め、いつでもタニハに逃げられる土地に、活路を見出したということだろう。盆地の北側の丘陵地帯も、安全を約束してくれた。仲哀天皇五世の孫の倭彦王《やまとひこおおきみ》が丹波で暮らしていた意味も、これではっきりとわかる……。

ようやく結論は出た。出雲大社は、壮大なアリバイ工作であり、このカラクリが見えたことによって、出雲神話のみならず、ヤマト建国の本当の歴史が分かってきたのである。

おわりに

複雑な推理を重ねて、ようやく結論にたどり着いた。出雲大社本殿の西を向いている祭神は仲哀天皇で、しかも天稚彦であり、事代主神でもあった……。

トンデモ説に思われるかもしれない。多くの神々や歴史時代の人物が時空を超えて重なっているから仕方ない。しかし、大真面目に、導きだした答えだ。考古学の裏付けもある。『日本書紀』がヤマト建国の歴史をいくつかの話と時代と地域に分解してしまったから、答えも複雑に見えるのである。

ヤマト建国の真実を抹殺するために、藤原不比等はヤマト建国の真相の「キモ」を出雲神話に封印した。また、鍵を握る東海勢力を「タラシの王家」と位置づけて、イリヒコの王家と系譜をつなげてしまった。巧妙なカラクリを駆使して歴史の真相を隠滅してしまったのだ。しかも、八世紀の藤原氏は、『日本書紀』に描かれた神話を「事実」と思わせるために、巨大な出雲大社を用意してアリバイにした……。藤原氏の周到さと執念は凄まじいものがある。

われわれが神話にダマされ、出雲大社という目くらましに気づかずに来たのは、むしろ当然のことだった。

筆者は出雲の謎を解くのに、三十年を要してしまった。探れば探るほど、底なし沼にはまるイメージだった。特に、出雲国造の不可解な行動を追っているうちに、迷宮に誘い込まれた……。今になってみれば、それは当然のことで、「出雲大社の周辺で神々が活躍し零落していった」と信じていたから、解決の糸口が掴めなかったのだ。しかし、「出雲神話の舞台は北部九州ではないか」と、頭を切り替えた瞬間、多くの真実が、目の前に広がってきたのである。

なお、今回の執筆にあたり、河出書房新社の西口徹氏、編集担当の工藤隆氏、歴史作家の梅澤恵美子氏に御尽力いただきました。

また、西口徹氏は定年を経て、契約社員となられましたが、今でも拙著の企画や編集に携わって下さいます。長い間、マニアックなテーマにもかかわらず、自由に執筆させていただいたことを、深く感謝しています。今回の執筆で、出雲を巡る謎解きは、到達点に近づいたと自負していますが、ひとえに、西口徹氏の古代史に対する情熱と造詣の深さがあったからこそです。ありがとうございました。

合掌

令和七年一月

参考文献

『古事記祝詞』日本古典文学大系（岩波書店）
『日本書紀』日本古典文学大系（岩波書店）
『風土記』日本古典文学大系（岩波書店）
『萬葉集』日本古典文学大系（岩波書店）
『続日本紀』新日本古典文学大系（岩波書店）
『魏志倭人伝・後漢書倭伝・宋書倭国伝・隋書倭国伝』石原道博編訳（岩波文庫）
『旧唐書倭国日本伝・宋史日本伝・元史日本伝』石原道博編訳（岩波書店）
『三国史記倭人伝』佐伯有清編訳（岩波文庫）
『先代舊事本紀』大野七三（新人物往来社）
『日本の神々』谷川健一編（白水社）
『神道大系　神社編』（神道大系編纂会）
『古語拾遺』斎部広成撰　西宮一民編集（岩波文庫）
『藤氏家伝　注釈と研究』沖森卓也　佐藤信　矢嶋泉（吉川弘文館）
『日本書紀　一　二　三』新編日本古典文学全集（小学館）
『古事記』新編日本古典文学全集（小学館）
『伊勢神宮と出雲大社』新谷尚紀（講談社選書メチエ）
『出雲と大和』村井康彦（岩波新書）
『出雲神話の成立』鳥越憲三郎（創元社）

『出雲大社』千家尊統（学生社）
『神々の流竄』梅原猛（集英社文庫）
『葬られた王朝』梅原猛（新潮文庫）
『古代出雲』前田晴人（吉川弘文館）
『日本の歴史一　旧石器・縄文・弥生・古墳時代　列島創世記』松木武彦（小学館）
『文明に抗した弥生の人びと』寺前直人（吉川弘文館）
『東日本の古墳の出現』甘粕健　春日真実編（山川出版社）
『「前方後方墳」出現社会の研究』植田文雄（学生社）
『邪馬台国時代の関東』石野博信（青垣出版）
『邪馬台国と古墳』石野博信（学生社）
『古代「おおやまと」を探る』伊達宗泰編著（学生社）
『古事記注釈　第三巻』西郷信綱（ちくま学芸文庫）
『ヤマト王権の謎をとく』塚口義信（学生社）
『井上光貞著作集　第一巻　日本古代国家の研究』井上光貞（岩波書店）
『日本の神々　神社と聖地5　山城・近江』谷川健一編（白水社）
『巨大古墳の聖定』渋谷茂一（六興出版）
『折口信夫全集第二巻　古代研究（民俗学篇1）』折口信夫（中公文庫）
『出雲神話』松前健（講談社現代新書）
『日本古代の氏族と政治・宗教　上』加藤謙吉編（雄山閣）
『隠された十字架』梅原猛（新潮文庫）
『日本の古寺美術　法隆寺Ⅰ』高田良信（保育社）
『日本の古寺美術　法隆寺Ⅲ』大西修也（保育社）

『聖徳太子の誕生』大山誠一（吉川弘文館）
『聖徳太子の真実』大山誠一編（平凡社）
『日本美術工芸　122』町田甲一（日本美術工芸社）
『国語と国文学　七六―一一』（明治書院）
『古代日本の「地域王国」と「ヤマト王国」上』門脇禎二（学生社）
『日本神話の考古学』森浩一（朝日新聞社）

＊本書は書き下ろし作品です。
＊編集協力――工藤　隆

関 裕二（せき・ゆうじ）

1959年、千葉県柏市生まれ、育ちは東京都板橋区。
歴史作家。武蔵野学院大学日本総合研究所スペシャル・アカデミック・フェロー。仏教美術に魅了され、奈良に通いつめたことをきっかけに日本古代史を研究。以後、古代をテーマに意欲的な執筆活動を続けている。著書に『アマテラスの正体』『スサノヲの正体』『古代史の正体～縄文から平安まで』（新潮新書）、『継体天皇―分断された王朝―』『古代史謎解き紀行』シリーズ（新潮文庫）、『消された王権　尾張氏の正体』『日本、中国、朝鮮　古代史の謎を解く』（PHP新書）、『縄文文明と中国文明』（PHP文庫）、『おとぎ話と神話に隠された古代史の真実』（笠間書院）、『新版 なぜ「日本書紀」は古代史を偽装したのか』（じっぴコンパクト新書）、『古代史再検証』シリーズ（廣済堂出版）、『応神天皇の正体』『アメノヒボコ、謎の真相』『台与の正体　邪馬台国・卑弥呼の後継女王のゆくえ』『大伴氏の正体　悲劇の古代豪族』『磐井の乱の謎』『豊璋　藤原鎌足の正体』『日本書紀が抹殺した古代史謎の真相』『古代日本神話の考古学』『皇極女帝と飛鳥・二つの寺の謎』『任那・加耶の正体　古代日本外交の蹉跌』（河出書房新社）ほか多数。

出雲神話の正体
封印された古代の真相

二〇二五年 二 月一八日　初版印刷
二〇二五年 二 月二八日　初版発行

著　者――関裕二
発行者――小野寺優
発行所――株式会社河出書房新社
〒一六二-八五四四
東京都新宿区東五軒町二-一三
電話
〇三-三四〇四-一二〇一〔営業〕
〇三-三四〇四-八六一一〔編集〕
https://www.kawade.co.jp/
組　版――株式会社ステラ
印　刷――モリモト印刷株式会社
製　本――小泉製本株式会社
落丁本・乱丁本はお取り替えいたします。

ISBN978-4-309-22953-9
Printed in Japan